tudo é história

Luciano Oliveira

Do Nunca Mais ao Eterno Retorno
Uma reflexão sobre a tortura

editora brasiliense

© *Copyright* desta edição: Luciano Oliveira
Nenhuma parte desta publicação pode ser gravada,
armazenada em sistemas eletrônicos, fotocopiada,
reproduzida por meios mecânicos ou outros quaisquer
sem autorização prévia da editora.

Segunda edição, 2009
1ª reimpressão, 2011

Coordenação editorial: *Alice Kobayashi*
Diagramação: *Digitexto Serviços Gráficos*
Capa: *Luciano Pessoa*
(inspirada na escultura de Demetrio Albuquerque,
obra que integra o monumento Tortura Nunca Mais em Recife-PE)
Preparação: *Rafael Leal*
Revisão: *Karin Oliveira e Marília Martins Ferro*

Dados Internacionais de Catalogação na Publicação (CIP)
(Câmara Brasileira do Livro, SP, Brasil)

Oliveira, Luciano
    Do nunca mais ao eterno retorno : uma reflexão
sobre a tortura / Luciano Oliveira. -- São Paulo :
Brasiliense, 2009. -- (Tudo é história ; 149)

    ISBN 978-85-11-00109-9

    1. Dignidade humana 2. Direitos fundamentais
3. Tortura 4. Tortura - História I. Título.
II. Série.

08-11484   CDD-364.67

Índices para catálogo sistemático:
1. Tortura : Problemas sociais   364.67

editora e livraria brasiliense
www.editorabrasiliense.com.br

Para Thérèse, Júlia, Isabel e Marieta.
E, *in memoriam*, para "Oliveirinha" e "Bené" –
com quem, menino, vi o filme *Cartouche*.

Sumário

Nota sobre esta edição 9

Encarando os fatos 13

Embaralhando os dados 25

Ninguém pode atirar a primeira pedra 43

A insurgência da ética 67

A tortura que (quase) não ousa dizer seu nome 85

De volta ao eterno retorno 105

Sugestões de leitura 115

Sobre o autor 119

Nota sobre esta edição

Uma primeira edição deste livro foi publicada em 1994. Em 2007, no momento em que o retomei para preparar esta segunda edição, senti a necessidade de re-escrever grande parte do que fora pensado e escrito há quase quinze anos. Não se tratava apenas de atualizá-lo no sentido de incorporar novas informações e bibliografia mais recente sobre o problema da tortura. Tratava-se, sobretudo, de chamar a atenção para o fato desolador de que, entre a primeira edição e esta, a realidade do mundo, aí compreendida também a realidade brasileira, piorou! Nesse contexto, até pensei em pegar a conhecida frase publicitária – *edição revista e melhorada* – e, num registro um tanto brincalhão, transformá-la em frase de advertência: *edição revista e... piorada!* Com receio de ser mal interpretado, desisti da paródia, mas fica o registro.

É verdade que como sociólogo, cientista político ou coisa que o valha, não tenho de que me queixar. Se o que particulariza essas ciências for a capacidade de fazer previsões, acertei em cheio. O meu livro continha, como contém, no seu título, uma hipótese: a de que a tortura, exorcizada, negada e de tempos em tempos até mesmo abolida, está sempre voltando. Foi pensado e escrito no início dos anos 1990, quando o contexto da época, se não autorizava nenhum otimismo ingênuo, estava distante do pessimismo instaurado pela passagem dos anos e, com eles, uma piora visível no panorama mundial no que diz respeito a essa candente questão.

De lá para cá, a violência brasileira, que já era enorme, virou superlativa; e, em escala mundial, o terrorismo patrocinado pelo fundamentalismo islâmico, com o atentado espetacular de 11 de setembro de 2001, assumiu proporções antes só imaginadas em termos de ficção. No rastro dessa realidade, a tortura, mesmo permanecendo uma prática clandestina, volta agora a ser teorizada e até mesmo aplaudida! Não há exagero no que estou dizendo. Nos Estados Unidos, berço e por momentos refúgio da democracia no mundo, espíritos sérios, em seguida aos ataques às "torres gêmeas", debatem publicamente sobre sua conveniência para arrancar informações de terroristas; entre nós, não chega a haver propriamente debate, mas a recepção calorosa aos métodos do Capitão Nascimento, personagem de *Tropa de Elite* – um filme que virou, mais do que um fenômeno cultural, um evento sociológico –, mostra a que níveis de degradação pode chegar a sensibilidade de uma população acuada pelo medo.

Não vou insistir nesses pontos porque eles serão retomados nos capítulos que se seguem e não quero me repetir. Adianto apenas que, atento ao que se passou desde que o escrevi, o texto original foi reescrito a fim de conformar-se com os tempos que estamos vivendo e que, apropriando-me da célebre fórmula de Hannah Arendt, não hesitaria em qualificar de "sombrios". Houve supressões, mudanças e acréscimos – muitos. E os temores aumentaram. Mas, apesar de tudo, alguns achados contidos na primeira edição permanecem. Malgrado um incremento da sua prática e, ao que tudo indica, uma aceitação maior por parte da opinião pública, a tortura continua sem direito de cidadania na *polis* moderna. Com raríssimas exceções, a sua prática se dá de forma clandestina e o seu nome, quase sempre, continua sendo escamoteado por eufemismos e contorções de linguagem. Isso quer dizer que uma das teses contidas na primeira edição, a da "indizibilidade" da tortura, continua apesar de tudo em vigor. Por isso, no final, mantive a esperança.

Recife, dezembro de 2007.

O autor

I
Encarando os fatos

As muitas mortes de Vladimir Herzog

Na manhã de 27 de agosto de 1993, no Recife – cidade onde, em 1964, o líder comunista Gregório Bezerra foi amarrado e arrastado pelas ruas, enquanto era espancado a coronhadas por um oficial do Exército –, foi inaugurado o primeiro monumento no Brasil para homenagear as vítimas da repressão militar nos anos 1960 e 1970. Nome do monumento: *Tortura nunca mais*. Nele, uma figura humana, na posição (estilizada) de um torturado suspenso num "pau-de-arara", pende de uma enorme chapa metálica que lembra a lâmina de uma desmesurada guilhotina. Isso foi na manhã de uma sexta-feira. Menos de 48 horas depois, na madrugada de domingo, no Rio de Janeiro, ocorreu a chacina de Vigário Geral. Número de mortos:

21. Alguns meses antes já havia ocorrido a chacina da Candelária. Número de adolescentes mortos: 7. E menos de um ano antes, no massacre do Carandiru, os mortos atingiram a cifra impressionante de 111. No total, e só considerando esses três acontecimentos que se tornaram célebres no início dos anos 1990, o aparato de repressão do Estado brasileiro – de forma oficial no caso de Carandiru, de forma clandestina nos outros dois – foi responsável, em menos de um ano, pela morte de 139 pessoas das chamadas classes populares. Detalhe: é um número praticamente igual ao dos "desaparecidos" políticos durante o regime militar – 138 pessoas –, segundo lista organizada pelos familiares dos mortos; é bem mais de um terço do número de vítimas fatais de todo o período, estimado em 358 segundo a mesma fonte[1]. Foi no curso dessa rápida e sinistra contabilidade que me perguntei se, ao invés de nos vangloriarmos com um vibrante *Nunca mais*, não seria o caso de cairmos na real e nos resignarmos com a perspectiva de um *Eterno retorno*!

Essa impressão foi reforçada no momento em que retomei a redação deste livro, quase quinze anos depois de sua primeira versão. Nesta mesma cidade do Recife, no dia 1º de novembro de 2007, uma manchete do *Jornal do Commercio* local anunciava: "Zelador algemado morre em delegacia". O subtítulo da matéria esclarecia: "O rapaz, detido por furto, foi encontrado em cela com o cordão da bermuda enrolado no pescoço". No dia seguinte, como se uma epidemia tivesse se alastrado, o mesmo jornal dava

---

1 Cf. Araújo, 1995.

outra notícia duas vezes pior, literalmente falando: "Mais dois presos achados mortos dentro de celas". Um deles foi "encontrado pendurado com a camisa no pescoço"; o outro, "foi encontrado pendurado por um lençol". Como era de se esperar, a versão da polícia é a de suicídio nos três casos. No primeiro, o prisioneiro, "mesmo algemado, tirou o cadarço do calção, prendeu-o na grade superior e se enforcou". Nos outros dois casos, o jornal não dá detalhes a respeito de onde o laço teria sido preso, mas pode-se imaginar algo análogo à grade do primeiro. Suicídios mediante autoenforcamento com meios improvisados desse tipo, é verdade, não são completamente estranhos à medicina legal. Conforme um clássico manual, "o ponto de suspensão", como é chamado, "é dos mais variáveis (...) Em casos bizarros, os suicidas empregam como ponto de fixação a maçaneta de uma porta, o suporte de uma cama, um prego numa parede etc."[2].

Mas três casos desse tipo nas dependências da polícia brasileira, com o histórico de violência que ela tem, aconselham uma razoável dose de ceticismo. Tanto mais que, pelo menos num dos casos, o irmão de uma das vítimas assegura que "ele foi muito espancado, inclusive tinha uma marca de ferimento na testa". Como é praxe, instaura-se um competente e "rigoroso" inquérito, que provavelmente vai se perder num dos intermináveis escaninhos onde se arrasta e termina esquecida a justiça brasileira. Até porque a opinião pública, indignada mas ao mesmo tempo resignada pela banalidade de relatos

---

2 Gomes, 2003, p. 342.

desse tipo, não tardará a ser servida com uma iniquida-
de ainda maior que a fará esquecer a anterior. No exato
momento em que escrevo isso, leio na *Folha de S. Paulo*,
de 20/12/2007 – menos de um mês, portanto, dos casos
anteriores – que, na cidade de Bauru, um adolescente de
15 anos, suspeito de roubo, "morreu torturado com choques por policiais militares". Mais um rigoroso inquérito
se anuncia. O tenente-coronel que comandava o batalhão
ao qual pertenciam os soldados foi peremptório: "Se eu
tiver o dia, a hora, o local para eu apurar, eu vou apurar".
Bastava ler o jornal, pensei com meus botões...

Voltando aos enforcados em Pernambuco, é inevitável, no contexto em que reescrevo este livro, a lembrança
de outro "suicídio" célebre, o do jornalista Vladimir Her-
zog, morto sob tortura nas dependências do II Exército,
em São Paulo, em outubro de 1975. O caso, como se sabe,
calou fundo na consciência nacional e foi a partir dele que
o presidente Ernesto Geisel iniciou o processo de retomada
da hierarquia nas forças armadas brasileiras, àquela altu-
ra curto-circuitada pelas forças de repressão – nomeada-
mente os DOI-CODIs – que agiam com uma desenvoltura
que desmoralizava a cadeia de comando. "Nunca mais!"
Foi o grito que emergiu dessa consciência, ela também
curto-circuitada tantos anos depois por eventos similares
que continuam monotonamente se repetindo. O que nos
faz retornar à perspectiva do *eterno retorno*!

Como se sabe, esta fórmula célebre pertence ao filósofo alemão Friedrich Nietzsche, que durante um passeio
solitário numa montanha suíça, no verão de 1881, teve de
repente essa intuição. Ela veio-me primeiro à lembrança

Do Nunca Mais ao Eterno Retorno

por razões puramente de estilo, ou seja, pelo forte apelo literário da fórmula e, obviamente, pelo contraste com a palavra de ordem generosa contida no nome do monumento contra a repressão no Recife. Mas num segundo momento, refletindo melhor, comecei a achar que a intuição nietzschiana podia me servir de mote também pelo seu conteúdo. Ela significa, simplificando bastante, o seguinte: de um lado, são fixos os elementos que compõem o mundo, e é determinado o número de suas possíveis combinações; mas, de outro, sendo o tempo eterno, tudo o que aconteceu está condenado a acontecer outra vez. Nietzsche estava falando sério. Tanto que chegou a pensar em investigar os fundamentos matemáticos de sua intuição, projeto que terminou abandonando.

A perspectiva do *eterno retorno* traz consigo terríveis consequências existenciais: se tudo está fadado a se repetir até o fim dos tempos, qual o sentido das nossas ações? Depois veremos uma das soluções possíveis que os intérpretes de Nietzsche apontam para a saída desse pesadelo. Por enquanto, retenhamos dessa perspectiva um aspecto que, para além das qualidades estéticas da fórmula, me pareceu justificar a sua aplicação ao Brasil. Refiro-me à insuportável monotonia do mal que ela expressa, à lógica cruel de sua repetição que ela capta, ao remeter tal repetição à permanência dos mesmos elementos contra o pano de fundo do tempo. Como já sabemos até a exaustão, tais elementos são as iníquas estruturas sociais brasileiras que, fundadas na época da Colônia, atravessaram incólumes o longo Império e as várias repúblicas que temos tido. Ao modo de produção escravagista, vigente durante quase quatro séculos, sucedeu um capitalismo sem preocupações sociais e uma democracia de poucos cidadãos. A pobreza, a miséria e a subserviência das massas asseguraram a continuidade de uma estrutura que permaneceu subterrânea, minando as perspectivas de mudança das várias rupturas de aparência verificadas ao longo de nossa história.

Nada exemplifica melhor essa permanência do que a continuidade que existe entre os castigos físicos que qualquer capitão-do-mato aplicava antigamente nos negros fujões e as torturas (chamadas eufemisticamente de "maus-tratos") que qualquer policial pode aplicar ainda hoje, sem maiores consequências, a qualquer pequeno marginal. Parece que estamos condenados a exorcizar as torturas e as execuções clandestinas numa radiosa sexta-feira de manhã, para vê-las irromper de novo na calada da noite do dia seguinte. Claro, as vítimas não são as mesmas da época do regime militar e os números estão a nos lembrar que, no Brasil, os abismos de classe – e portanto essa forma larvar de "luta de classes" que esses fatos representam – sobrevivem à famosa "queda do muro". Em 1992, só no Rio de Janeiro, foram assassinados 424 crianças e adolescentes, número que ultrapassa com folga os estimados 358 mortos do regime militar.[3] Em São Paulo, onde a ROTA (Rondas Ostensivas "Tobias de Aguiar") nessa época executava bandidos ou simples suspeitos praticamente às escâncaras, calcula-se que a Polícia Militar como um todo, desde sua criação em abril de 1970 – quando houve a fusão da Polícia Civil com a Força

---

3 *Veja*, 28/7/1993.

Pública – até junho de 1992, foi responsável pela morte de mais de 4.000 pessoas!

Esses números são fornecidos pelo jornalista Caco Barcellos, autor de um livro que na época deu o que falar, *Rota 66*, um detalhado e cuidadoso estudo que tem um subtítulo bem apropriado: "A história da polícia que mata". Os números do jornalista, na sua fria objetividade, desmentem as versões oficiais de tantas vítimas fatais. A afirmação de que as mortes decorreriam de tiros trocados entre as duas partes revelava-se uma fantasia a partir da constatação de que não há registro, na história das guerras, de confrontos com uma desproporção tão grande entre as baixas de cada um dos lados: 97 civis mortos para cada policial morto[4]. Além disso, os estudiosos da guerra constatam que a troca de tiros entre dois grupos armados sempre resulta num número de feridos bem superior ao de vítimas fatais. Na "guerra" então travada pela PM de São Paulo contra o banditismo, os números dos tiroteios apresentavam a assustadora marca de 265 mortos para cada ferido![5] A desculpa oficial segundo a qual os mortos seriam bandidos perigosos autores de latrocínios e estupros, por exemplo, revelava-se uma mitologia desmentida pelos números: "os estupradores e assaltantes que matam não chegam a representar 1 por cento das vítimas dos matadores da PM"[6]. Na verdade, a vítima preferencial da polícia de São Paulo – como, de resto, da polícia brasileira *tout court* – sempre foi o pequeno marginal das favelas e peri-

---

4 Barcellos, 1992, p. 259.

5 Idem, p. 119.

6 Idem, p. 250.

ferias, muitas vezes simples suspeitos, identificados pelos estereótipos de sempre: serem pobres, trabalhadores desqualificados, de preferência pretos e pardos. Isso para não falar dos que são cotidianamente presos e "simplesmente" torturados nas nossas repartições de roubos e furtos. Esses são, literalmente falando, incalculáveis.

Esse quadro, passados tantos anos e malgrado todos os esforços feitos nos últimos tempos no sentido de uma atuação menos violenta da polícia, inclusive de parte de alguns governos bem-intencionados, substancialmente não mudou. A polícia brasileira continua sendo uma instituição marcada por um desempenho violador dos direitos humanos mais comezinhos. Os justiçamentos sumários de delinquentes ou meros suspeitos permanecem em níveis chocantes. Entre 1999 e 2003, por exemplo, no estado do Rio de Janeiro, os números de civis mortos pela polícia aumentaram consistentemente a cada ano: segundo a revista *Época* de 3/5/2004, eles foram 289 em 1999, e 1.195 em 2003. Um inacreditável aumento de mais de 400%! Da mesma forma, as cadeias brasileiras continuam sendo o horror que todos conhecem e que produzem as cenas literalmente dantescas a cada rebelião de presos. É o caso de se perguntar: "que país é este?" – célebre pergunta formulada pelo então deputado mineiro Francelino Pereira, líder do governo João Batista Figueiredo na Câmara dos Deputados, num momento em que o projeto de "abertura" do último general-presidente parecia vacilar.

A pergunta continua válida. E a melhor resposta talvez não esteja em Marx, nem mesmo na canção homônima de Renato Russo, mas no Capitão Segura. Trata-se de um personagem do escritor inglês Graham Greene,

Do Nunca Mais ao Eterno Retorno

que, no romance *Nosso homem em Havana*, passado na Cuba do tempo do ditador Fulgêncio Batista, criou essa emblemática figura. Oficial encarregado de um dos braços da onipresente Segurança Nacional, o Capitão Segura, dotado de uma inegável vocação para a filosofia da história, havia construído, como tantos antes dele, um esquema dicotômico por meio do qual se punha a refletir sobre o mundo. Para ele, a humanidade está dividida em duas grandes classes: a dos "torturáveis", e dos "não-torturáveis". Numa passagem do romance, ele explica essa sua filosofia política original a um cidadão inglês que vai até ele interceder por um seu compatriota suspeito de cumplicidade com a subversão. O Capitão Segura tranquiliza-o, dizendo que o suspeito em questão não pertence à categoria dos que podem ser espancados pela polícia. – "E quais são os que pertencem?" – pergunta o atarantado súdito de Sua Majestade britânica. A resposta do oficial cubano é de uma franqueza desconcertante: "Os pobres de meu próprio país... e de qualquer país latino-americano. Os pobres da Europa Central e do Oriente. Claro que, nos países dos senhores, onde reina o bem-estar, os senhores não têm pobres... de modo que são intorturáveis". E aproveita o ensejo para enriquecer sua teoria com uma variável geo--política de fazer inveja a Josef Stalin: "Uma das razões pelas quais o Ocidente odeia os grandes estados comunistas é que estes não conhecem distinções de classe. Às vezes torturam pessoas que não deviam. O mesmo, claro, fez Adolf Hitler e escandalizou o mundo".

Pode-se, evidentemente, condenar o Capitão Segura por seu cinismo. Mas temos de reconhecer que sua capacidade analítica não é desprovida de acuidade. Pois a verdade é que, deste lado debaixo do equador, a tortura como método de inquisição e de intimidação, tanto quanto a execução sumária de bandidos ou de meros suspeitos das classes subalternas, sempre foi prática corrente nas nossas sociedades. Numa perspectiva de "longa duração", tais práticas fazem parte da nossa história de sempre. Mas, dito isso, evitemos os complexos de inferioridade inúteis e indevidos. O nosso caso, na verdade, não é o primeiro nem o único na história da humanidade.

Não é de hoje, nem mesmo dos últimos 500 anos, que as sociedades reservam aos seus desclassificados um destino mais cruel do que aquele reservado aos seus cidadãos de bem na hora de reprimi-los. Desde os tempos bíblicos que é assim. Quem quer que leia os *Atos dos apóstolos* (22; 23-29) verá ninguém menos que o apóstolo Paulo sendo preso e enviado por um tribuno a uma sessão de tortura para que se descubra por que a multidão vociferava contra ele. *Incontinenti*, o apóstolo apela, perguntando ao centurião encarregado de cumprir a ordem: "É permitido açoitar um cidadão romano?". O centurião vai ao tribuno, este certifica-se da cidadania de Paulo e suspende a ordem. E completa o evangelista: "O tribuno aterrorizou-se quando soube que ele era cidadão romano, porque o mandara acorrentar". Nada muito diferente, num certo sentido, da atitude de um investigador de polícia que, no Brasil, sabe que pode praticamente tudo contra qualquer favelado, mas que é praticamente impotente quando se trata de reprimir os excessos de qualquer cidadão bem-nascido. Talvez não seja exagerado dizer, dentro da mesma linha de raciocínio, que o apelo *civis romanus sum*, com o qual os cidadãos romanos reivindicavam os privilégios

Do Nunca Mais ao Eterno Retorno

inerentes ao seu *status*, seja um antecedente longínquo da pergunta malandra com que, entre nós, as pessoas bem situadas na escala social tentam esquivar-se de prestar contas à lei: "Você sabe com quem está falando?".

Também já foi assim na Europa civilizada a que se refere o Capitão Segura. Na França, até que a Revolução de 1789 igualasse todo mundo na hora de prestar contas ao carrasco, aos nobres era reservado o método indolor da decapitação, enquanto para as pessoas de baixa extração social sobravam geralmente a forca para os casos mais simples, e a fogueira e o terrível suplício "da roda" para os casos mais graves. Este último chamava-se assim porque o carrasco, depois de amarrar a vítima na horizontal com o rosto virado para o céu, braços e pernas bem abertos fazendo um grande "X", quebrava-lhe as articulações dos membros com uma barra de ferro, depois aplicava-lhe alguns golpes no estômago. O suplício era chamado "da roda" porque, finda essa primeira parte, o carrasco dobrava os braços e pernas do supliciado para trás, de modo que os calcanhares tocassem a cabeça do infeliz, e amarrava o sinistro "embrulho" numa roda, também na horizontal, que ficava exposta ao público. Esse método, ainda que com grande economia de detalhes, é mostrado num filme de capa-e-espada de Philippe de Brocca, *Cartouche*, no qual Jean-Paul Belmondo interpreta com charme e graça o personagem-título, um célebre salteador de estradas que terminou seus dias dessa forma inglória em 1721, quando contava apenas 24 anos.

Esse tipo de justiça sanguinária foi revogada pela Revolução Francesa, animada pelo espírito iluminista da época. O código penal editado pelos revolucionários em

1791, setenta anos após o suplício de Cartouche, estabelecia logo no seu artigo segundo: "A pena de morte consistirá na simples privação da vida, sem que possa jamais ser infligida qualquer tortura aos condenados". E o artigo seguinte, ao esclarecer o novo método de execução, eliminava as diferenças entre nobreza e povo, estendendo o que antes era privilégio daquela ao conjunto dos cidadãos: "Todo condenado à morte terá a cabeça cortada". Daí a invenção da guilhotina, pela qual passaram democraticamente cidadãos comuns e bem-nascidos, culminando com a execução do próprio rei Luís XVI e da rainha Maria Antonieta. Inaugurava-se, por assim dizer, a sociedade moderna, a qual, do ponto de vista que nos interessa, caracteriza-se pela igualdade de todos perante a lei; e a própria lei, por seu turno, pela adoção de métodos de repressão que excluem a crueldade típica do *ancien régime*. Sociedades como a brasileira, nesse sentido, são sociedades pré-modernas, na medida em que continuam professando uma filosofia da história pré-iluminista: a do Capitão Segura.

II
EMBARALHANDO OS DADOS

É aqui que se insinua na nossa reflexão um complicador a mais: melhor seria, para nosso próprio conforto ideológico, que nos deparássemos apenas com a simples oposição de um estado-torturador contra uma sociedade civil de "torturáveis". Infelizmente não é tão simples assim. Em países como o Brasil, boa parte da opinião pública – o que aliás inclui os próprios "torturáveis" – convive pacificamente com a ideia de que a polícia pode prender e bater em delinquentes. Isso, por mais politicamente desconfortável que seja admiti-lo, faz parte da nossa cultura, integra o nosso senso comum. Antes que os militantes de esquerda tivessem descoberto a questão da tortura a partir da sua própria experiência nos porões do regime, a música popular já registrava maus-tratos contra favelados como a coisa mais natural do mundo. Em 1964 – ano emblemático –, no célebre *show* Opinião, uma das músicas de Zé Kéti, incorporando a fala de um desses cidadãos, dizia:

> Podem me prender
> Podem me bater
> Podem até deixar-me sem comer
> Que eu não mudo de opinião
> Daqui do morro
> Eu não saio, não.

O que mais chama a atenção no verso "podem me bater" não é o seu realismo, é a sua naturalidade. Naturalidade com que, certa feita, eu próprio me defrontei num episódio que vale a pena ser contado. Anos atrás, passando em frente a uma loja de roupas, notei uma grande confusão na calçada, como se algo de grave tivesse acontecido no seu interior. Perguntei a um dos balconistas o que tinha acontecido. Tratava-se de um ladrão que tinha sido pego e que tinham prendido no banheiro. – "À espera da polícia?" – perguntei. "Não", respondeu o balconista. E explicou: "O ladrão é recruta do exército e a polícia não pode bater". E isso dito sem nenhum espanto, como se fosse absolutamente natural que o ladrão, por seu delito, fosse passível da pena de espancamento. Só que, por ser recruta do exército, tivesse direito a um regime especial...

A música de Zé Kéti é de antes do AI-5, e o meu testemunho aconteceu anos depois de sua revogação, como também depois da Lei de Anistia, da volta dos exilados, da liberdade de imprensa etc. É como se, independentemente desses acontecimentos e indiferente à sua grandeza, o país

Do Nunca Mais ao Eterno Retorno

real continuasse girando na órbita de sempre. Ou seja: o aparato de repressão política erigido a partir de 1964 e consolidado em dezembro de 1968, com seu cortejo de prisões arbitrárias e clandestinas, de torturados e desaparecidos, não foi uma invenção *ex nihilo* do regime militar. Antes dele tudo isso já existia, como continuou existindo depois dele. O "pau-de-arara", o método de tortura por excelência adotado pela repressão, tão característico daqueles anos de chumbo a ponto de ter se tornado símbolo do movimento – e do monumento – *Tortura nunca mais*, vem de muito longe. De forma rudimentar, ele já era utilizado pelos senhores de escravos para imobilizá-los, como se pode ver em gravuras de Jean-Baptiste Debret. O escravo era colocado numa posição semelhante à de um remador inclinado para a frente, e tinha os pulsos amarrados aos tornozelos. Em seguida, passava-se um pau através da concavidade formada pelo arqueamento dos cotovelos e joelhos: o escravo não podia mais se mexer. A polícia brasileira, bem antes de 1964, aperfeiçoou esse castigo, transformando-o num instrumento de tortura: uma vez a vítima imobilizada, ela era suspensa e o pau apoiado pelas extremidades em duas mesas. Nessa posição, recebia choques elétricos até que, como se diz, "desse o serviço". É interessante observar que o torturador emblemático dos anos de chumbo, aquele que em certo momento tornou-se símbolo de todos os seus horrores, foi um civil, o delegado Sérgio Fleury da polícia de São Paulo.

O que de novo ocorre a partir de 1964, mas sobretudo depois de 1968 com o AI-5, é que a tortura passa a atingir segmentos da população antes protegidos por certas imunidades sociais: estudantes, jornalistas, políticos, advogados etc. É bem verdade que, antes, verificou-se uma espécie de prelúdio do que depois iria ocorrer em larga escala. Foi durante a ditadura de Getúlio Vargas, época em que a tortura no Brasil atingiu um novo estágio. Dessa vez, já não se tratava de um "Sargento Getúlio" qualquer que brutaliza um pobre camponês num grotão perdido do país imenso, nem de um policial que aplica choques num ladrão. Até essa época, a boa sociedade ainda estava ao abrigo desse tipo de arbitrariedade, e os governantes, distantes, nem sequer ouviam os gritos ou se interessavam pelo que se passava nas cadeias. Mas, durante o regime de Vargas, a tortura é posta a serviço de um desígnio político relacionado diretamente ao governo. A Polícia Especial tem um chefe, Felinto Müller, e seus peritos, que a empregam com método. E, o que é muito importante, pela primeira vez ela atinge também pessoas bem situadas na escala social. Subitamente, as camadas médias da sociedade brasileira, ainda que de maneira bastante minoritária em relação aos opositores de origem operária, caem momentaneamente na categoria dos "torturáveis".

O regime de Vargas, deve-se dizê-lo, bateu à esquerda e à direita. À esquerda primeiro, por ocasião da insurreição promovida pela Aliança Nacional Libertadora em 1935, que ficou conhecida como Intentona Comunista. Uma vez a insurreição dominada, seguiu-se uma violenta repressão contra comunistas e simpatizantes – repressão, aliás, que continuou bem além desse episódio. Três anos mais tarde, foi a vez da direita: em maio de 1938, militantes da Ação Integralista Brasileira (AIB) – que havia apoiado Vargas, mas que se sentiu traída quando o ditador, em

Do Nunca Mais ao Eterno Retorno

1937, fechou todos os partidos políticos – lançaram uma ação armada contra o palácio do Catete, sede do governo. A tentativa de golpe foi rapidamente dominada e foi a vez de os militantes da AIB conhecerem, eles também, os métodos da polícia política de Felinto Müller. Esses fatos estão relatados num livro hoje esquecido do jornalista David Nasser, muito apropriadamente chamado *Falta alguém em Nuremberg*. Estrela maior da extinta revista *O Cruzeiro*, Nasser era um jornalista inescrupuloso, mas o seu relato é convalidado por outras fontes. Entre elas, o monumental *Memórias do cárcere*, de Graciliano Ramos, que, se não foi torturado, conheceu as prisões do Estado Novo e colheu vários fatos como os narrados por Nasser. O "alguém" do título do livro do jornalista, já se adivinha, refere-se ao próprio Felinto Müller, o qual, aliás, passou de uma ditadura a outra sem maiores problemas: quando morreu, em 1970, num acidente aéreo no aeroporto de Orly, na França, era o líder do governo Emílio Garrastazu Médici no Senado. Na ocasião, os militantes de esquerda, num exercício de humor negro, vingaram-se simbolicamente do falecido fazendo circular o boato de que o avião teria caído por não ter podido suportar o peso de sua consciência...

Com o fim da ditadura Vargas, a tortura política desaparece. Ela reaparecerá em 1964. Entre as duas ditaduras, os torturadores se voltam para a clientela de sempre. Mas em 1964, e sobretudo a partir de 1968, a classe média brasileira será novamente rebaixada ao nível daquelas pessoas em quem os esbirros do Capitão Segura podem pôr a mão. Como vimos, durante o regime de Vargas isso já tinha acontecido, mas de forma minoritária, uma vez que a grande maioria dos perseguidos era de militantes de esquerda provenientes das classes populares: operários, artesãos, pequenos comerciantes, funcionários subalternos etc. Durante o regime militar, essa proporção se inverte: mais da metade das pessoas presas a partir de 1968 são estudantes universitários ou detentoras de um diploma de nível superior. Essa informação é confirmada por dados precisos: segundo levantamento do projeto *Brasil nunca mais* sobre a ocupação dos condenados pela justiça militar, 2.491 pessoas, num total de 4.476 – isto é, quase 56 por cento –, inseriam-se naquele perfil.[7]

Foi essa geração de esquerdistas torturados que descobriu a questão dos direitos humanos no Brasil e a transformou numa nova palavra de ordem. A Lei de Anistia, votada em 1979, possibilitou a volta dos exilados e a libertação dos presos políticos. No mesmo ano, um dos maiores sucessos de Gilberto Gil, a comovente *Não chores mais*, traduzia no plano da poesia o sentimento geral de alívio e as esperanças de um novo começo:

> Amigos presos, amigos sumindo assim
> Pra nunca mais
> Tais recordações
> Retratos do mal em si
> Melhor é deixar pra trás.

Os tempos eram de transbordante otimismo, retratado no animado refrão final em que o artista, insistentemente, dizia: "Tudo, tudo, tudo vai dar pé...". E, com efei-

---

7 Arquidiocese de São Paulo, 1988, p. 11.

to, os primeiros anos da década de 1980 assistiram a uma verdadeira proliferação de grupos de defesa de direitos humanos, desta feita, entretanto, voltados para a classe dos "torturáveis". Existe, assim, uma linha de continuidade entre o combate pelos direitos humanos na época do regime militar e o combate que se seguiu contra a repressão ordinária já nos anos 1980. Essa continuidade aparece claramente quando se lê, por exemplo, o autor mais famoso da literatura memorialística sobre a guerrilha perdida que proliferou no país a partir de 1979, Fernando Gabeira. No seu *O que é isso, companheiro?*, Gabeira conta como, na cadeia, descobriu a dimensão infernal do *gulag* brasileiro, e faz uma autocrítica exemplar:

> Até que ponto não fomos cúmplices disto, nós da esquerda? (...) Nunca nos comovemos de fato com o Esquadrão da Morte – as misérias e torturas que se passavam nos porões da polícia comum eram apenas injustiças que iam desaparecer com o socialismo. (...) Era lógico que fizessem isto no Brasil, pois até a esquerda, até a oposição pareciam bastante insensíveis para esta dimensão da violência.[8]

É no contexto dessa tomada de consciência que as Comissões Justiça e Paz ligadas à Igreja Católica, surgidas nos anos 1970, se multiplicam; que aparecem organizações como a Comissão "Teotônio Vilela" – da qual, aliás, o próprio Gabeira será um dos fundadores –, o Grupo Tortura Nunca Mais etc.

---

8 Gabeira, 1979, p. 245.

Considerando-se o prestígio acumulado pelo tema dos direitos humanos no curso da luta contra o regime militar nos anos 1970, seria de se esperar idêntica fortuna na década seguinte. Mas foi o contrário que aconteceu. Como se veria logo em seguida, a tortura não desapareceu, apenas voltou ao seu endereço de sempre. Em julho de 1979, no exato momento em que no Congresso Nacional se discutia a Lei de Anistia, promulgada com pompa e circunstância no mês seguinte, um delegado de polícia, numa reportagem da revista *Veja* (11/7/1979) sobre a tortura policial comum, dava o seguinte depoimento: "Existe uma pressão da própria sociedade para que a polícia pratique a violência. Essa pressão é mais nítida nos casos de crime contra o patrimônio: a vítima não se satisfaz apenas com a elucidação do crime e a prisão do seu autor, mas quer a recuperação dos objetos roubados". Sabemos todos que esse depoimento não constitui uma mera defesa em causa própria; que ele, ao contrário, expressa a crença tão difundida na nossa opinião pública de que ladrão tem de apanhar – como sabe até um simples balconista de loja no caso relatado mais atrás. Em 1992, um velho repórter paulista aposentado criticava os novos jornalistas que dão ouvidos ao que dizem os bandidos, e, do alto dos seus 47 anos de experiência como repórter policial, ensinava: "Todo bandido diz que nunca fez nada". Por isso recomendava o uso da tortura: "Quando um preso não quer confessar um crime, tem de ser submetido a um método corretivo, ou seja, deve apanhar"[9].

---
9 *Jornal do Commercio*, Recife, 13/12/1992.

Do Nunca Mais ao Eterno Retorno

A forte disseminação de ideias desse tipo no meio popular explica por que, na década de 1980, mais os anos passam, mais os grupos de defesa dos direitos humanos se veem confrontados com a embaraçosa acusação de serem "defensores de bandidos". Bastou que os militantes começassem a enfrentar a habitual brutalidade com que a polícia enfrenta os delinquentes – às vezes simples suspeitos – provenientes das classes populares, cobrando do Estado nada mais do que o respeito às leis formalmente em vigor no país, para que se iniciasse, paralelamente, um processo de descrédito de sua causa. Os militantes que saem em defesa dos que são torturados pela polícia costumam ser interpelados com uma pergunta capciosa e incômoda: "E os direitos humanos das vítimas?". Essa é uma pergunta ouvida tão constantemente que não parece exagerado dizer que estamos em presença de uma verdadeira campanha. Ela vem de longa data. Já no começo dos anos 1980, em pleno processo de redemocratização, ela estava presente em mensagens passadas cotidianamente contra esses militantes pelo rádio, em "programas policiais" como o de Afanásio Jazadji, em São Paulo.

No decorrer de um de seus programas, cuja audiência ia a mais de um milhão de pessoas nessa época, Jazadji, numa linguagem grosseira, chegava a igualar os defensores dos direitos humanos aos delinquentes: "E há ainda esses defensores de direitos pra esses malditos, que têm a desfaçatez, a petulância, a coragem de defender, de dizer que eles são gente, são homens. São nada, são canalhas, como esses defensores deles". Quanto ao que fazer com os próprios delinquentes, a solução pregada era a mais expedita possível: "Tinha que pegar esses presos irrecuperáveis, colocar todos num paredão e queimar com lanças-chamas. Ou jogar uma bomba no meio, PUM, acabou o problema".[10] Outro apresentador, Wagner Montes – à época dublê de radialista, cantor e jurado de televisão no programa de Sílvio Santos – entrevistava delinquentes reproduzindo no estúdio os métodos e o clima dos interrogatórios policiais, inclusive com som de tapas ao fundo. Num de seus programas, a tortura chegava a ser incentivada em clima de brincadeira: "Vamo levá os dois lá pra sala da sessão de ternura, rapaziada, e toca pra eles a suíte quebra-nozes"[11]. Resultado: nesse clima de desfaçado incentivo, os torturadores continuaram se sentindo à vontade para ignorar o processo de redemocratização em curso.

Em 10 de agosto de 1985, já sob a presidência do civil José Sarney, o *Jornal do Brasil* publicou uma foto chocante: numa delegacia de polícia de Porto Alegre, um jovem negro de 19 anos, Antonio Clovis Lima dos Santos, conhecido por "Doge", aparecia pendurado num pau-de-arara. "Doge", gari de profissão e suspeito de ter participado de um assalto a um caminhão de bebidas, foi arrancado do seu barraco às 4 horas da manhã e levado à delegacia, onde foi torturado para confessar seu crime. Uma história banal como milhares de outras no Brasil. Se o seu caso saiu da rotina, foi graças a essa foto feita por um policial, contrário aos métodos dos seus colegas, num instante em que esses tinham abandonado a sala de tortura – de "ternura", na expressão ignominiosa de Wagner Montes. Essa súbita

---

10 Comissão de Justiça e Paz, 1985, p. 13 e 19.
11 Idem, p. 15.

Do Nunca Mais ao Eterno Retorno

notoriedade de "Doge" parece ter sido, ao mesmo tempo, sua perdição: anos depois, dezoito dias antes de depor num inquérito instaurado para apurar as responsabilidades das torturas que lhe foram infligidas, "Doge" foi misteriosamente assassinado.[12] Não sei se o seu caso foi comentado no programa de Afanásio Jazadji...

É preocupante a boa acolhida que mensagens em programas como os dele têm no seio dos próprios segmentos sociais mais desfavorecidos. Um exemplo com números. Em 1986, no Recife, uma pesquisa de opinião constatou que 53,7% das pessoas pesquisadas eram favoráveis à eliminação dos marginais pela polícia, enquanto 43,8% eram a favor da aplicação de castigos corporais nos presos. Esses, entretanto, são percentuais agregados. Quando os desagregamos por renda, constatamos que, quanto menor esta, maior a adesão a essas medidas. Em relação à pena de morte, por exemplo, que recebeu uma aprovação global de 68,9% dos entrevistados, os percentuais desagregados de concordância, relacionados à variável renda, eram os seguintes: acima de 10 salários-mínimos, 55,7%; entre 3 e 10 salários-mínimos, 63,5%; e finalmente: até 3 salários-mínimos, 75,2%.[13]

Corte de vinte anos! Nada mudou... se não piorou! No recente livro *A cabeça do brasileiro*, Alberto Carlos Almeida, trabalhando com a variável educação, volta a constatar análoga correlação entre posição social e aceitação de métodos violentos de combate à criminalidade. Diante da afirmação: "A polícia está certa em bater nos

12 *Veja*, 27/6/1990.

13 Oliveira e Pereira, 1987, p. 40-42.

presos para que eles confessem seus crimes", fica nítida a hipótese de que, quanto menor a escolaridade, maior a concordância com ela. Em números, concordavam 14% dos entrevistados que tinham nível superior ou mais; 31% dos que tinham até o ensino médio; 41% dos que tinham da 5ª à 8ª série; 44% dos que tinham até a 4ª série; e, finalmente, 51% dos analfabetos.[14] Potencialmente "torturáveis" e "elimináveis", e, portanto, teoricamente, os mais interessados numa polícia respeitadora dos direitos humanos, os segmentos mais pobres, entretanto, são os mais sensíveis aos discursos truculentos presentes na mídia. Tanto mais que, num acúmulo de perversidades, são eles que, por sua frágil posição social, mais estão expostos à ação da criminalidade violenta que hoje em dia assola os centros urbanos do país. Esse é um fator que não deve ser desconsiderado: o desdém popular contra os direitos humanos. Se, de um lado, se inscreve na linha de continuidade que existe da sociedade escravagista até os nossos dias, de outro é reforçado pelo crescimento exponencial da violência nos últimos anos. Isto é: a realidade brasileira, pelo menos para o cidadão comum, tornou-se mais cruel em relação à época do regime militar, um período em que, paradoxalmente, o tema dos direitos humanos floresceu no Brasil como uma bandeira que acenava para melhores perspectivas.

Voltemos aos anos 1970 e à música popular. Havia uma canção de Chico Buarque, *Acorda, amor*, onde se contava a história de um malandro das classes populares que sonhava que tinha desaparecido nas mãos da polícia. Era,

---

14 Veja, 22/8/2007.

Do Nunca Mais ao Eterno Retorno 37

obviamente, uma alusão aos desaparecidos políticos, mas a canção esposava o mito do "bom bandido", o que ficava claro no verso-refrão em que o compositor fazia uma inversão que ficou famosa: em vez de chamar a polícia, que afinal de contas torturava, matava e fazia desaparecer os corpos, o artista clamava: "Chame o ladrão! / Chame o ladrão!"... Só que, trinta anos mais tarde, a canção, apesar de genial, aparece retrospectivamente datada, porque o ladrão chegou e o que se vê é que ele também pode sequestrar, torturar e matar. Daí o grande complicador com que se defrontam atualmente os militantes dos direitos humanos no Brasil: a oposição Estado-torturador *versus* sociedade civil-torturada, tão clara e, num certo sentido, ideologicamente reconfortante dos anos 1970, foi substituída por uma relação bem mais complexa, talvez impossível de ser definida com um termo menos impreciso do que ambiguidade, pois ela varia da revolta explícita contra o massacre de Vigário Geral ao apoio tácito à chacina do Carandiru. Ou seja: apanhada no fogo cruzado entre a violência da polícia e dos marginais, a população tanto é capaz de protestar quando as vítimas são honestos pais de família, quanto de aplaudir quando os mortos são bandidos. Acuada pelo medo, a população rende-se à ideia, tão tradicionalmente nossa, do combate à criminalidade por meios igualmente criminosos: espancamentos, prisões arbitrárias, justiçamento – enfim, todo o rol de violência que historicamente configura a repressão policial no Brasil. Muitas vezes, aliás, a própria população toma a iniciativa, perpetrando as mais terríveis barbaridades.

É o que acontece na prática – que, pela sua proliferação, tanto chamou a atenção da imprensa no início dos anos 1990 – dos linchamentos. Mas não apenas o linchamento rápido e expedito, como forma de justiça sumária à la Robespierre, "sem que possa jamais ser infligida qualquer tortura aos condenados". Sua prática é capaz de incluir um roteiro macabro no qual os linchados devem morrer lentamente: primeiro, murros, pauladas e pedradas; finda essa primeira parte, arranja-se álcool e ateia-se fogo ao agonizante, que morre queimado. Assim aconteceu em julho de 1993 com três rapazes da zona norte do Rio de Janeiro, linchados no bairro de Olaria ao serem confundidos com ladrões porque saíram correndo de um ônibus onde tinham promovido uma algazarra. Bastou alguém gritar: "Pega ladrão!", e o inferno desabou sobre eles. Duas horas de espancamento; depois, fogo. Segundo o relato da imprensa, "um senhor surgiu com dois litros de álcool. Espalhou o líquido sobre os corpos dos rapazes. Jogou um palito de fósforo. Caiu apagado. Um menino de uns 14 anos riscou outro fósforo. Deu certo. As labaredas ergueram três fogueiras humanas". Um dos linchados, próximo do fim, chegou mesmo a protagonizar uma cena semelhante a um episódio célebre antigo de dois mil anos: "O rapaz gemeu. A multidão parou para escutar. Ele pediu água. Ofereceram-lhe água sanitária. A multidão gritou, como num estádio de futebol"[15]. Como era de se esperar, essa espécie pervertida de justiça popular repete as piores distorções da nossa repressão estatal: "O linchado típico é pobre, negro ou mestiço"[16].

---

15 *Veja*, 14/7/1993.
16 *IstoÉ*, 16/6/1991.

É como se, efetivamente, tivéssemos retornado ou jamais tivéssemos saído do *ancien régime*, no qual as pessoas eram queimadas em praça pública em espetáculos com ampla participação popular. Mas não apenas nós. Em maio de 1993, num seminário no Rio de Janeiro, um advogado colombiano da Comissão Andina de Justiça, Rodrigo Uprimny, deu uma informação desconcertante: em 1990, em um dos grupos de trabalho que se formaram na Colômbia para apresentar propostas de reforma à Assembleia Constituinte que se reuniria no ano seguinte, alguém, "talvez desesperado com a violência e a impunidade reinantes", apresentou a seguinte proposta: "Estabelecer-se-á a pena de morte, com métodos que causem dor e sofrimento, para as pessoas que pratiquem delitos considerados hediondos"[17]. Não se sabe quem era o anônimo colombiano, qual o seu perfil econômico e social. Mas, pelo que ficou dito mais atrás, somos até levados a imaginá-lo como sendo um morador da periferia de Bogotá, de baixa renda e baixa escolaridade, exasperado com a violência do seu país. Pois bem: cautela! A crueldade da criminalidade violenta que nos assola é capaz de levar também pessoas da mais refinada extração social a propostas que não acreditávamos possíveis.

Foi o que aconteceu em fevereiro de 2007 com o brutal e revoltante assassinato do garoto João Hélio no Rio de Janeiro, no curso de um assalto malsucedido. Trata-se de um caso que nos incita a pensar porque, além das reações previsíveis e legítimas, ainda que simplificadoras, do senso comum, dessa vez foi um dos nossos maiores e

---

17 *Lua Nova*, nº 30, 1993.

melhores iluministas, o professor da USP Renato Janine Ribeiro, que foi levado de roldão pelo sentimento de revolta. Como se lembram os que acompanharam a celeuma que sua reação gerou, Janine Ribeiro não esperou a cabeça esfriar antes de escrever sobre a morte do menino João Hélio e a punição que mereceriam seus algozes. E, levado pelos sentimentos, derrapou... Foi realmente espantoso ler, partindo de um dos nossos mais lúcidos humanistas, que se não defendia a pena de morte para os assassinos é "porque acho que é pouco". Achava mesmo. Tanto que não escondeu seus mais recônditos sentimentos: "Torço para que, na cadeia, os assassinos recebam sua paga; torço para que a recebam de modo demorado e sofrido". E, excedendo-se, punha-se a imaginar "suplícios medievais" para eles.[18] A reação provocada por esses propósitos foi tal que o próprio Janine Ribeiro, duas semanas depois, voltou a escrever sobre o assunto, enfatizando que apenas expôs seus "sentimentos" e, ademais, no artigo indigitado, deixara claro "que estava tão perplexo que não cabia propor nada de concreto, tal como a pena de morte".[19]

Não quero, no conforto de estar escrevendo vários meses depois de toda essa história dolorosa, posar de bom moço e espezinhar sobre uma derrapagem que o próprio autor assume. Até porque a melhor postura a adotar é dela extrair lições. Nesse sentido, um dos serviços que o artigo de Janine Ribeiro presta é o de mostrar que até os melhores de nós podem perder a cabeça. Parece ser o caso de ampliarmos nosso embaraço anterior e indagar: que mundo

---

18 *Folha de S. Paulo*, 18/2/2007.
19 *Folha de S. Paulo*, 4/3/2007.

Do Nunca Mais ao Eterno Retorno

é este? Ainda aqui a filosofia do Capitão Segura pode nos esclarecer alguma coisa. Segundo os dados do *Atlas Mundial das Liberdades* publicado no França em 1989 – exatos duzentos anos depois da Declaração dos Direitos do Homem de 1789 –, contendo informações sobre a situação dos direitos humanos no mundo inteiro, a clássica divisão Norte-Sul se reproduz também nesse domínio, na medida em que o mapa da violência recobre quase inteiramente o mapa da pobreza. Isto é, os "torturáveis", em qualquer lugar do mundo, são sempre os mesmos: os pobres, como diz o personagem de Greene. Salvo quando, em ocasiões de confronto ideológico e por razões políticas, as torturas e execuções sumárias transbordam sua jurisdição habitual e passam a ser aplicadas aos segmentos da classe média e mesmo da classe alta, normalmente protegidos por suas imunidades sociais. Assim foi no Brasil de Médici, no Chile de Augusto Pinochet, na Argentina de Jorge Rafael Videla; da mesma maneira que foi na Alemanha de Hitler, na União Soviética de Stalin, na Argélia francesa etc. E, atualmente, até em prisões sob jurisdição dos Estados Unidos – como é o caso do enclave de Guantánamo em território cubano – depois do ataque de terroristas islâmicos no coração de Manhattan em 2001. Nesse caso, o *eterno retorno* seria um fenômeno universal?

III
NINGUÉM PODE ATIRAR A PRIMEIRA PEDRA

Uma rápida vista d'olhos sobre o mundo no século XX nos inclina a pensar que a resposta é francamente positiva. Isto é, que não há povo, cultura ou civilização que esteja imune ao pesadelo da intuição nietzschiana. Mesmo o fato de haver sofrido no passado uma dessas experiências como "torturável" não vacina povo algum contra a tentação de tornar-se, amanhã, o protagonista de uma experiência dessas, agora como opressor. Veja-se, por exemplo, Israel e sua política de implantação de colonos judeus nos territórios ocupados. O discurso desses colonos, reivindicando o direito a essas terras porque teriam pertencido aos seus antepassados remotos, ilustra a doutrina do "Grande Israel", ironicamente parecida com a doutrina do "espaço vital" de Hitler. Se, de um lado, não se pode igualar a democracia israelense ao totalitarismo hitlerista, da mesma maneira que não há comparação possível entre os campos de refugiados palestinos e os campos de concentração nazistas, de outro não é menos verdade que as forças de segurança israelenses repetem em relação aos palestinos, ocasionalmente, práticas semelhantes às que vitimaram o seu povo no passado, inclusive a tortura.

Em dezembro de 1991, num colóquio promovido nas Filipinas pela Organização Mundial contra a Tortura (OMCT), uma advogada israelense, Lea Tsemel, informou que uma comissão especial do governo do seu país, nomeada por um juiz da Corte Suprema, fez uma investigação sobre as práticas dos serviços de segurança e concluiu que havia a permissão dada pelo governo aos investigadores de poderem recorrer não apenas a pressões psicológicas, o que é inevitável, mas igualmente a uma "pressão física moderada"[20], expressão utilizada pela própria comissão, a fim de obterem informações de suspeitos de terrorismo. Cinco anos depois, em novembro de 1996, a mesma Corte Suprema chancelou esse tipo de prática, ao cassar uma liminar judicial contra tais "pressões" concedida anteriormente a um palestino suspeito de terrorismo.[21] Fica ao alvitre do leitor, obviamente, especular sobre o grau de "moderação" adotado no curso dessas "pressões físicas", praticadas em unidades militares ao abrigo dos olhos e ouvidos da população. Também o que se passou na Bósnia é sintomático. Os sérvios, antes oprimidos pelos croatas, vingaram-se oprimindo os muçulmanos. Também eles sonhavam com uma "Grande Sérvia", em nome da qual

---

20 OMCT, 1992, p. 46.

21 *Veja*, 27/11/1996.

militantes nacionalistas adotaram uma política de faxina étnica que nem os nazistas ousaram empreender: o estupro em massa de mulheres muçulmanas. Segundo um relatório da Comunidade Europeia divulgado em fevereiro de 1993, cerca de 20.000 mulheres, a maioria muçulmanas, foram estupradas com essa finalidade. Dessas, pelo menos uma em cada vinte engravidou[22].

Diante de tais horrores, o analista é rondado pela tentação de apelar para uma fórmula desesperada do tipo "todo mundo tortura todo mundo", e abrigar-se na resignação. Esta, embora talvez seja a mais fácil, não é, entretanto, a melhor saída. Tanto mais que a fórmula é falaciosa. Não é sempre, nem é todo mundo, que é o tempo todo torturável. Alguma lógica subsiste por trás da aparente insanidade. Para ver isso, comecemos com uma breve consulta à história, mais precisamente, a um acontecimento a que já fizemos referência: a Revolução Francesa. Do mundo antigo à Idade Média, a tortura é um fenômeno assíduo na história da humanidade. Cristo morreu sob tortura – da qual Paulo, como vimos, escapou. Na Europa do *ancien régime*, ela era fartamente utilizada para extrair confissões e executar criminosos. Subitamente, no século XVIII, no bojo do Iluminismo, ela começa a ser questionada e chega a ser formalmente abolida praticamente em todos os países que compunham o mundo civilizado da época: basicamente a Europa ocidental e os países periféricos sob sua influência cultural. Inclusive o Brasil, que, na Constituição do Império, de 1824, aboliu as chamadas "penas cruéis". Nesses países, dos quais o Brasil é um caso

---

22 *Veja*, 10/3/1993.

exemplar, essa abolição foi quase sempre um ato meramente de fachada. Ou, em todo caso, válida apenas para os bem-nascidos, enquanto a massa de desprivilegiados permaneceu na condição em que sempre esteve. Mas, em todo caso, para inglês ver ou não, a verdade é que a tendência abolicionista expandiu-se e, a partir da Declaração Universal dos Direitos Humanos da ONU, solenemente proclamada em 1948, tem-se por princípio de valor universal que "Ninguém será submetido à tortura nem a penas ou tratamentos cruéis, desumanos ou degradantes" (art. 5º). Em termos oficiais, é óbvio!

Aqui é necessário introduzir um parêntese que perturba um pouco essa aparente marcha do progresso do espírito humano. Existem, ainda hoje, algumas exceções a esse princípio, pois certos países muçulmanos do Oriente Médio, da Ásia e da África têm o seu sistema legal, a *Sharia*, baseado no Alcorão, que prevê castigos como açoites, amputações e até apedrejamentos – ou, para usar a linguagem tecnicamente correta, lapidação, forma extremamente cruel de aplicação da pena de morte ainda adotada, pelo menos oficialmente, por alguns países. Entre esses, o Irã, onde o procedimento é concebido de modo que a morte não sobrevenha de forma rápida, ocasionada pelo impacto de uma pedra muito grande. Com efeito, o artigo 119 do Código Penal Islâmico, ali adotado, estipula o seguinte: "As pedras utilizadas para infligir a morte por lapidação não deverão ser grandes a ponto de matar o condenado após uma ou duas pedradas, nem tão pequenas a ponto de não serem consideradas pedras"[23]. A febre fundamentalista que

---

23 Amnesty International, 1989, p. 97-98.

tem se espalhado por essa região do mundo nas últimas décadas é um fator que conspira contra a abolição dessas penas. No Sudão, em 1983, o governo mandou construir um estádio com capacidade para cinco mil pessoas destinado à aplicação de castigos corporais, pois a lei islâmica manda punir em público.[24] No Paquistão, uma lei de 1979 disciplinando o açoite determina que, antes de sua aplicação, o condenado deve ser examinado por um legista, o qual verificará se ele está em condições físicas de receber o castigo sem risco de morte. Segundo o relatório de um médico de Islamabad, "se, depois do início da execução da pena, o médico tem razões para crer que ela pode causar a morte do condenado, a execução deve ser adiada até que o mesmo seja declarado apto a suportar o resto do castigo"[25]. Esses "cuidados" atestam tanto a crueldade quanto a intensidade desses açoites, capazes, segundo a própria previsão legal, de levar alguém à morte. Mas fechemos este parêntese e voltemos à Europa da cultura iluminista.

Aí, as coisas se passaram de maneira diferente. Os historiadores são de um modo geral unânimes em relação a esse ponto: entre fins do século XVIII e o aparecimento dos estados totalitários depois da Primeira Guerra Mundial, a tortura tinha praticamente cessado de existir na Europa. Claro que essa verdade histórica deve ser nuançada. Assim, em ocasiões insurrecionais – Guerra da Vendeia, Comuna de Paris etc. –, a repressão exemplar que se segue a esses movimentos é geralmente acompanhada de represálias terríveis contra os vencidos. As atrocidades

---

24 Mattoso, 1984, p. 47.
25 OMCT, p. 202.

anti-insurrecionais, entendidas como atos muitas vezes gratuitos de crueldade praticados pelos vencedores, pertencem a todos os tempos e a todas as latitudes. O que efetivamente desapareceu, de um modo geral, foram as atrocidades como procedimentos "ordinários" de sustentação de um regime político ou de uma ordem social. O exemplo mais eloquente do desaparecimento da tortura durante mais de um século, como procedimento policial com finalidades políticas, é fornecido pelo acontecimento maior do Iluminismo: a Revolução Francesa. Esta, como se sabe, fez rolar muitas cabeças, mas não torturou, estabelecendo uma efetiva ruptura com as práticas judiciárias do *ancien régime*.

Para ver isso, consideremos um só exemplo. Em 1757, em Paris, trinta e poucos anos antes da Revolução, a população da cidade acotovelava-se na Praça da Grève para assistir ao célebre suplício de Damiens, um marco na história dos sofrimentos físicos que o homem é capaz de infligir ao próprio homem. Damiens, um quase débil mental que feriu levemente o rei Luís XV com um canivete, sofreu durante duas horas padecimentos terríveis até ser esquartejado, ainda vivo, por quatro cavalos que foram atados aos seus braços e pernas. O suplício, com todos os seus detalhes repugnantes, está relatado logo na abertura do livro *Vigiar e punir*, de Michel Foucault. Contrastando com isso, considere-se o tratamento apesar de tudo civilizado a que teve direito Charlotte Corday em 1793, ano do auge do terror revolucionário, guilhotinada por ter assassinado Marat, um dos líderes mais populares da Revolução. E os investigadores encarregados do caso Marat tinham tudo para acreditar na hipótese de um complô mais vasto, estando portanto confrontados com a necessidade de obter de Charlotte Corday os nomes dos possíveis cúmplices. E, no entanto, não se tocou sequer num fio de cabelo da acusada. A similitude das duas situações só torna ainda mais surpreendente a diferença de tratamento que um e outra tiveram de suportar.

Em relação à repressão policial comum, assiste-se também, de um modo geral, àquilo que Alexis de Tocqueville, analisando a sensibilidade democrática em oposição à sensibilidade aristocrática do antigo regime, chamou de "suavização dos costumes". Isso, obviamente, não significa dizer que os grupos marginais e mais desprotegidos da sociedade estivessem ao abrigo do arbítrio policial, nem que a repressão estatal tivesse deixado de se abater com dureza sobre os delinquentes do meio popular. As longas penas para pequenos delitos, os trabalhos forçados, as deportações para as colônias etc. eram comuns no século XIX. Nesse sentido, Jean Valjean, o célebre personagem d'*Os miseráveis* de Victor Hugo, condenado a vida inteira à perseguição do odioso inspetor Javert pelo roubo de pão, constitui uma figura emblemática. Apesar disso, existe uma notável diferença entre o cínico Segura de Graham Greene e o implacável Javert de Victor Hugo: o primeiro era um torturador contumaz, enquanto ao segundo não teria ocorrido recorrer a tais métodos para obter confissões dos pobres diabos que enviava aos trabalhos forçados. Em resumo: segundo o que reportam os historiadores, em países como a França, a partir do século XVIII e ao longo do século XIX, mesmo se episodicamente a polícia usou de violência contra prisioneiros comuns, a tortura esteve longe de tornar-se, como continuou e continua sendo ainda hoje em países como o Brasil, uma prática mais ou menos corriqueira.

Isso também não significa dizer que no país dos Direitos do Homem e do Cidadão tivesse desaparecido, de uma hora para outra, e como por milagre, qualquer vestígio de opinião favorável à reabilitação dos velhos métodos para fazer os ladrões dizerem onde esconderam o ouro. Afinal de contas, como diz o delegado ouvido pela *Veja*, "a vítima quer a recuperação dos objetos roubados", verdade que parece válida independentemente de que lado do equador o roubo se deu. No próprio clássico de Victor Hugo existe a esse respeito uma passagem interessante. Na taverna de Thénardier, um dos personagens mais inescrupulosos do livro, conversam este e um mestre-escola local a respeito de um certo Boulatruelle, tipo mal-afamado e que foi visto indo a um bosque à noite, o que logo gerou a suspeita de que ali ele mantinha o esconderijo onde guardava o produto de suas atividades ilegais. Entre um copo e outro de vinho, os dois interlocutores imaginam diversos estratagemas para fazer Boulatruelle abrir o bico. Em determinado instante, o mestre-escola, sem esconder certo saudosismo, observa que, antigamente, a justiça faria com que ele falasse, submetendo-o à tortura, se preciso fosse, e que ele não teria resistido à "questão da água".

"A questão" era o nome técnico da tortura empregada pela justiça antes da Revolução para obter confissões dos criminosos. A "questão da água" era uma das formas mais empregadas para esse fim. O "questionador" – como se chamava o torturador – amarrava o "paciente" – como se chamava o torturado – num tamborete e, com a ajuda de um chifre de boi furado enfiado na sua goela, obrigava-o a engolir água. Na terminologia técnica, o questionador "dava-lhe a questão". A quantidade variava: quatro pintas (antiga medida francesa que correspondia a quase um litro) para a "questão ordinária", e oito pintas para a "questão extraordinária". Voltando aos nossos interlocutores, tendo o mestre-escola lamentado que já não se pudesse dar a "questão da água" ao suspeito, Thénardier, sabendo que Boulatruelle era também chegado a um copo, propõe com bom-humor: "Vamos lhe dar a questão do vinho".

O que isso quer dizer senão que o germe da nostalgia pelos velhos tempos sobrevive nos recônditos de qualquer sociedade? A bem dizer, tudo o que acontece por aqui já aconteceu e pode perfeitamente voltar a acontecer lá. Pensemos outra vez no caso do Carandiru – ou, de um modo geral, na indiferença, para dizer o mínimo, com que a opinião pública brasileira encara o horror das nossas prisões. Pois bem: há algum tempo, a leitura de uma entrevista com Robert Badinter, antigo ministro da justiça francês do primeiro governo François Mitterrand, me deu o que pensar. Badinter foi o autor do projeto de lei que aboliu a pena de morte na França, em 1981, tratando-se, portanto, de alguém insuspeito de qualquer condescendência com o clamor vingativo típico da opinião pública. Mas, pesquisador e autor de um clássico trabalho sobre a prisão na França republicana, Badinter estabelece o que poderíamos chamar de "lei de ferro das prisões". A propósito de sua função, dizia ele:

> Como já analisava Durkheim, para que a sociedade ultrajada pelo crime seja apaziguada, é

preciso que o delinquente seja punido, isto é, que ele conheça um sofrimento que seja expiação. A prisão não é apenas privação de liberdade. Ela implica um sofrimento do detento. Para a consciência coletiva, é preciso que o prisioneiro viva em condições obrigatoriamente inferiores àquelas do trabalhador mais desfavorecido. Donde a denúncia das míticas prisões 5 estrelas, que já são encontradas há mais de um século.[26]

Isso na França. Aplicada à nossa realidade, essa "lei de ferro" explicaria por que, no Brasil, na medida em que os trabalhadores mais desfavorecidos estão morando embaixo de viadutos, a chamada consciência coletiva ache que já é um luxo morar na extinta Casa de Detenção.

Na França, nos dias de hoje, não existe violência policial? Existe, sim, mesmo se, comparada com o nosso endêmico flagelo nacional, permaneça episódica. Eles possuem até um termo para isso: *bavure*. Trata-se de uma palavra formada a partir do verbo *baver*, que significa, no seu sentido literal, babar. Por extensão, ela designa coisas e fatos que passam dos limites, desde acontecimentos inocentes como o leite que derrama da caçarola e a tinta que escorre pela borda da lata, até ações policiais que, pela sua truculência, vão além do que a lei permite. Assim, a melhor tradução para *bavure* seria excesso, termo também empregado por aqui quando as autoridades, não querendo admitir episódios de tortura, dizem que houve, quando

---

26 Revista *L´événement du Jeudi*, 4-10/6/1992.

muito, excessos – para os quais, evidentemente, instaura-se o competente inquérito. Vez por outra, as instâncias europeias de proteção dos direitos humanos investigam tais *bavures*. Em determinada ocasião, o Comitê Europeu para a Prevenção da Tortura chegou a detectar, em delegacias da polícia francesa, práticas como as seguintes no decorrer dos inquéritos: "golpes aplicados sobre a cabeça com um catálogo telefônico, privação de comida e de remédios, bofetadas e injúrias"[27]. Nos Estados Unidos, vale a pena lembrar que existe uma expressão já antiga, o *third degree* (terceiro grau) para designar interrogatórios policiais, por assim dizer, mais duros. Não tenho informações precisas sobre o que significa, mas, pelo grau (afinal, o que seriam o *first* e o *second*?), deve abranger algo bem mais grave do que a clássica imagem de *film noir* do suspeito sob a luz de uma forte lâmpada cercado de tiras de mangas arregaçadas e cara de poucos amigos. Todos, como soi acontecer nesses filmes, fumando sem parar. Ou seja: a se olhar mais de perto, é como se as diferenças entre os dois lados do equador fossem mais de grau do que de substância.

Em certo sentido, assim é. Em vez de uma diferença radical entre polícias que torturam sempre e polícias que não torturam jamais, teríamos um *continuum* em cujos extremos encontraríamos, de um lado, a tortura como prática quase corriqueira e, de outro, a tortura como prática episódica. Restaria a discutir, o que é o outro lado da questão, se uma diferença de grau tão pronunciada não

---

27 *Le Quotidien de Paris*, 20/1/1993.

nos remeteria a uma diferença de natureza, na medida em que a quase regra, aqui, lá seria a exceção. Além do mais, há também notáveis diferenças no que diz respeito à intensidade da tortura nos dois extremos. Mesmo se um estudo comparativo nesse domínio apresenta dificuldades num certo sentido intransponíveis (por exemplo: como medir a dor?), no limite eticamente insuportáveis (quem e em quem medir a dor?), a verdade é que, com base num certo senso comum, podemos considerar quase evidente que pancadas com um catálogo telefônico e bofetões são ações menos drásticas do que pendurar alguém num pau-de--arara e aplicar-lhe choques elétricos. Mas não sejamos ingenuamente idealistas. Eles não têm isso mas também não têm os níveis de miséria e violência encontráveis entre nós. Nada garante que, sendo outras as circunstâncias, os povos da civilizada Europa ocidental não atravessarão a linha que leva ao outro extremo do *continuum*. Eles já a atravessaram diversas vezes no século XX, e em proporções tão vastas que o aparato de repressão brasileiro montado em 1968 chega a parecer uma empresa modesta. Tocamos aqui na questão do reaparecimento da tortura por motivos políticos na Europa, de onde ela tinha sido banida desde a época do Iluminismo. E esse retorno se deu em grande estilo, no bojo dos dois movimentos ideológicos mais espetaculares do século que passou: o nazismo e o comunismo.

Ao que tudo indica, coube ao segundo a duvidosa honra de ter sido o primeiro a utilizá-la. Não por ter sido mais impiedoso do que o nazismo (um regime, ao contrário do comunismo, na sua ideia mesma des-humano), mas pelo simples fato de ter chegado primeiro ao poder. Segundo observa Alexander Soljenitsin no célebre *Arqui-*

pélago Gulag, desde os primeiros anos do regime soviético discutia-se abertamente, em publicações como *A espada vermelha* e *O terror vermelho*, "se o emprego da tortura seria admissível de um ponto de vista marxista". E completa o autor: "A julgar pelos resultados, a resposta foi positiva, mesmo não tendo sido a mesma em toda parte"[28]. O nazismo, que só em 1933 chegou ao poder, levou para o aparelho de Estado toda a violência já amplamente exercida, fora dele, pelos seus truculentos grupos paramilitares. Num e noutro caso, mesmo tendo sido fartamente empregada, a tortura permaneceu sempre no terreno do não-dito ou da linguagem cifrada, como o famoso "tratamento especial" previsto em instruções nazistas para judeus, comunistas, ciganos etc. Apesar disso, os historiadores conseguiram recensear alguns poucos mas eloquentes documentos oficiais em que a adoção do horror é praticamente explicitada. Assim, em 1942, uma ordem proveniente de Himmler autorizava a tortura, embora esta, curiosamente, fosse designada pelo termo "terceiro grau", empregada para definir os métodos mais "duros" da polícia americana.[29] Já no que diz respeito à prática de fazer "desaparecidos", tão conhecida dos latinoamericanos, o regime nazista chegou a oficializá-la sem esconder as palavras. Em 7 de dezembro de 1941, um decreto que ficou conhecido como *Nacht und Nebel* ("Noite e Névoa"), assinado pela Almirante Keitel, começava assim: "Depois de ter longamente refletido, o *Führer* decidiu que (...) só a pena de morte, ou medidas que deixem a família e a

---

28 Soljenitsin, 1974, p. 80.
29 Mellor, 1949, p. 213.

população na incerteza quanto ao destino do culpado podem assegurar uma aterrorização eficaz e durável"[30]. O stalinismo também produziu suas pérolas. No famoso relatório lido secretamente por Nikita Khruschev no XX Congresso do PCUS, em fevereiro de 1956, é citado um telegrama de Stalin endereçado aos órgãos de segurança, de 20 de janeiro de 1939, onde se lê o seguinte: "O Comitê Central do Partido Comunista da União Soviética explica que a aplicação dos métodos de pressão física praticados pela NKDV [polícia política] é permitida desde 1937". E justificava: "É conhecido que todos os serviços burgueses da contraespionagem usam métodos de influência física contra os representantes do proletariado socialista sob as formas mais escandalosas. A questão que se coloca é a de saber por que os serviços de contraespionagem socialistas deveriam se mostrar mais humanitários contra os agentes desenfreados da burguesia"[31].

Depois da Segunda Guerra Mundial, com a extensão do império soviético, a tortura política foi trazida aos países do Leste europeu, onde foi largamente empregada durante os famigerados "expurgos" dos anos 1950. No filme *A confissão*, de Costa-Gavras, vê-se Yves Montand (isto é, o dissidente tcheco Arthur London) comer o pão que o diabo amassou para confessar que fazia parte de um fantástico complô para derrubar o regime. E os grandes países ocidentais, os mesmos que promoveram o Julgamento de Nuremberg, caíram nos anos seguintes, um a um, na mesma tentação de empregar métodos pelos quais

---

30 Citado em Rohman, 1983, p. 157.

31 Citado por Vidal-Naquet, 1986, p. 12-13.

Do Nunca Mais ao Eterno Retorno 57

condenaram os vencidos da véspera: os franceses na Argélia, os americanos na Indochina, os ingleses na Irlanda do Norte... e assim por diante. O caso francês, o que mais deu o que falar, é bastante instrutivo, pois a "guerra suja" deles serve para ensinar que, definitivamente, a tortura não é o apanágio das nossas repúblicas bananeiras. Quando, depois de 1964, ocorreram os primeiros casos de tortura política entre nós, fazia poucos anos que os franceses tinham parado de torturar na Argélia, pois a guerra de independência havia acabado somente em 1962.

No caso francês, chegou a haver a recomendação, feita num relatório escrito por um funcionário de alto escalão, de regulamentar a tortura! O autor dessa recomendação foi um certo Roger Wuillaume, despachado para a Argélia a fim de informar o governo sobre a veracidade das denúncias do que estava acontecendo por lá. Merecem ser transcritos alguns trechos do seu informe:

> É preciso ter a coragem de tomar uma posição sobre esse delicado problema. Com efeito, ou nos confinamos na atitude hipócrita que prevaleceu até o presente, e que consiste em querer ignorar o que fazem os policiais, desde que não haja marcas ou que não se possa fazer a prova das sevícias empregadas, e nesse caso a polícia continuará cumprindo sua missão cometendo às vezes excessos, numa espécie de cumplicidade tácita das autoridades; ou então assumimos a atitude falsamente indignada daquele que pretende ter sido enganado, jogamos o anátema sobre a polícia, proibimos-lhe qualquer outro procedimento que não seja o in-

terrogatório correto, e a lançamos na confusão ao mesmo tempo em que a paralisamos.

Para escapar desse dilema, o funcionário propõe uma solução baseada no *savoir-faire* dos próprios torturadores:

> O procedimento da mangueira d'água e da eletricidade, desde que utilizados com precaução, produziriam uma comoção muito mais psicológica do que física, sendo portanto excludentes de qualquer crueldade excessiva. O método, no caso da mangueira, consistiria em introduzir água na boca até a asfixia apenas, evitando-se o desmaio ou a ingestão; quanto à eletricidade, tratar-se-ia unicamente de descargas rápidas e múltiplas praticadas sobre o corpo, à maneira de pequenos choques.[32]

Essa tortura mais "psicológica" do que física, apesar de rechaçada pelo governo do então presidente Guy Mollet – cujo representante na Argélia recusou-se "absolutamente" a aprovar as recomendações de Wuillaume –, receberá o apoio inequívoco do general Massu, chefe das forças de segurança na Argélia francesa. Massu, numa nota a seus comandados datada de 19 de março de 1957, escreve: "A condição sine qua non de nossa ação na Argélia é que esses métodos sejam admitidos, em nossas almas e consciências, como necessários e moralmente válidos"[33]. Ele, interessado em tirar a prova dos nove, mandou apli-

---

32 Citado por Vidal-Naquet, 1972, p. 32-33.
33 Citado por Vidal-Naquet, idem, p. 51.

Do Nunca Mais ao Eterno Retorno

car em si mesmo alguns choques, para poder melhor conhecer e julgar os seus efeitos. Na época correu a anedota de que o torturador de mentirinha encarregado de aplicar os choques teria lhe infligido uma baixa voltagem, com medo de que o general confessasse ser ele também um terrorista infiltrado nas forças armadas.

Alguns aspectos da repressão francesa na Argélia lembram episódios vividos no Brasil sob o regime militar. Um exemplo é a fabricação de versões fantasiosas para esconder os mortos sob a "tortura psicológica" de Roger Wuillaume, que são dados como "mortos em violento tiroteio", "sequestrados por um comando guerrilheiro" etc. Foi o que aconteceu com Maurice Audin, professor universitário na Argélia e comunista. O Partido Comunista francês sempre apoiou as guerras de libertação nacional das antigas colônias francesas, o que, de pronto, fazia dos comunistas inimigos jurados dos militares. Muitos deles, assim, foram alcançados pela repressão. É o caso de Audin, preso em 11 de junho de 1957. No dia 21 desse mesmo mês, as forças de segurança anunciaram que ele "tinha se evadido durante uma transferência saltando de um *jeep*". O caso virou um escândalo em razão da posição social que ocupava Audin, mas a inacreditável história montada por seus captores foi confirmada pelo inquérito aberto para apurar o seu desaparecimento. Esse caso constitui assim, se posso me permitir um cinismo apenas aparente, uma espécie de original do qual a ficção do caso Rubem Paiva seria mais tarde, entre nós, um plágio perfeito. Mas, apesar dessas analogias sinistras, o regime militar brasileiro, em confronto com a repressão francesa na Argélia no fim dos anos 1950, até que apresenta uma performance bastante modesta. Só nos episódios que em seu conjunto ficaram conhecidos como "A Batalha de Argel" – transformados depois, com esse mesmo nome, em filme pelo cineasta italiano Gillo Pontecorvo –, nada menos do que "3.024 indivíduos" pereceram, mortos sob tortura ou sumariamente executados, segundo dados recolhidos pelo historiador francês Pierre Vidal-Naquet. É uma cifra digna do regime militar argentino, cuja lista oficial de mortos e desaparecidos chega ao número impressionante de 8.900 pessoas. Número oficial, bem abaixo do número real que, segundo os especialistas, deve girar em torno de 20 mil vítimas!

Saltando várias outras situações entre a época da Batalha de Argel e o momento que estamos vivendo neste início de um novo século, essa mesma tentação da tortura institucionalizada seduziu os americanos nos últimos anos, em seguida aos ataques terroristas de 11 de setembro de 2001 – uma data que, infelizmente, ingressou na história. Como tem sido lembrado por vários analistas, um dos subprodutos mais perversos dos atentados, além das invasões do Afeganistão e do Iraque que se lhes seguiram, é o perigo que correm as instituições democráticas dos próprios Estados Unidos, submetidas à tentação de abrirem mão de preciosas conquistas do estado de direito em nome do combate ao terrorismo com mais eficácia. É o que tem acontecido com a adoção de uma das práticas mais escabrosas da humanidade como meio de investigar a origem e prevenir novos atentados: a tortura. Quando o mundo, chocado, descobriu em maio de 2004, estampadas nos principais jornais do planeta, fotos de prisioneiros nus na prisão de Abu Ghraib em Bagdá, uns amarrados a grades ou com fios elétricos conectados aos dedos, outros

Do Nunca Mais ao Eterno Retorno

acuados por cães ferozes, ou ainda, suprema humilhação para um muçulmano, sendo escarnecidos por uma soldada com os dedos imitando pistolas e apontando para seus órgãos sexuais, posando para o fotógrafo com um acintoso cigarro no bico – quando o mundo descobriu isso, os mais atentos já sabiam que coisas desse tipo andavam se passando nas prisões controladas pelos americanos nessa região do mundo e mesmo em Guantánamo, base militar encravada no território cubano para onde foram transferidos prisioneiros desde a invasão do Afeganistão. Afinal, logo depois do ataque às "torres gêmeas", importantes e prestigiosas publicações americanas como a *Newsweek* chegaram a abrir suas páginas para discutir a possibilidade de adoção da tortura como método de obtenção de informações. Como é razoável supor, quando a discussão teórica chega à sala de visitas, muito provavelmente os porões já estão na fase da prática faz tempo.

Com efeito, o que se viu pela sequência dos eventos é que os horrores de Abu Ghraib não foram simples iniciativas locais levadas a cabo por incompetentes energúmenos com vocação exibicionista. Como já ocorreu em outras ocasiões – na França do presidente Mollet, no Brasil do general Médici, na Argentina do general Videla etc. –, na América do presidente Bush, a reação das mais altas autoridades do país, negando qualquer responsabilidade naquilo e repudiando aquelas práticas, foi tipicamente aquela "atitude falsamente indignada daquele que pretende ter sido enganado", como diria o francês Roger Wuillaume, um *expert* no assunto. Passados poucos anos do escândalo da prisão em Bagdá, não é mais segredo para ninguém que aquilo que o mundo viu continua acontecendo. Só que, escaldados pelo "vazamento" para a imprensa daquelas imagens, os responsáveis pelo *gulag* americano certamente não permitem mais que simples soldados circulem pelas prisões munidos de celulares com câmeras fotográficas...

Mas como na democracia tudo termina por se saber, recentemente o *The New York Times* noticiou que um "parecer secreto" do Departamento de Justiça dos Estados Unidos, emitido em 2005, "permitiu a prática de tortura física e psicológica contra suspeitos de terrorismo, inclusive simulação de afogamentos e exposição a temperaturas congelantes"[34]. À época, era titular do Departamento de Justiça o secretário Alberto Gonzales, autor de um célebre memorando, também "vazado" para a imprensa, autorizando o uso de técnicas de interrogatório "duras" contra suspeitos de terrorismo. Como ocorre também com freqüência, o memorando rejeita o qualificativo de tortura para tais técnicas, pois elas seriam dosadas para não causar mal excessivo ao "paciente" – para retomar a velha expressão do *ancien régime* francês. Segundo Gonzales, "a tortura contra um suspeito em interrogatório só se configura quando a dor que causa é decorrente de danos permanentes à integridade física do acusado"[35]. Que bom!

Nessa atmosfera envenenada por temores que longe estão de ser infundados, o fato é que instruções como a do secretário Gonzales têm o suporte de pessoas como o advogado Alan Dershowitz, professor de direito na prestigiosa Universidade Harvard e figura conhecida do grande

---

34 Cf. Jornal do Commercio, 5/10/2007.

35 *Veja*, 5/9/2007.

Do Nunca Mais ao Eterno Retorno

público por ter defendido celebridades como o milionário Claus von Bulow, acusado de ter assassinado a esposa doente, cuja história virou um filme de sucesso exibido entre nós com o título de O reverso da fortuna. Em 2003 – antes, portanto, do memorando de Gonzalez –, Dershowitz meteu-se numa polêmica por ter supostamente defendido a tortura. Defendendo-se, diz ele: "Distorceram minhas palavras. Nunca defendi a tortura. Sou contra a tortura". Na sequência da sua argumentação, entretanto – como tantos outros antes dele, inclusive o francês Roger Wuillaume –, Dershowitz rende-se aos fatos e passa a uma daquelas defesas transversas da sua prática: "A tortura está sendo utilizada por nossas autoridades, e elas não dão sinais de que estejam dispostas a parar com essa prática. Então, que se estabeleçam regras democráticas para o uso da coerção física nos interrogatórios de acusados de terrorismo. Esse método só poderia ser utilizado, a meu ver, com autorização judicial, e em casos extremos"[36]. Não há dúvida, é o ar do tempo. Vivemos um momento em que pessoas as mais diversas, mesmo enchendo-se de dedos, acham que há ocasiões em que é inevitável meter a mão na massa... Ainda recentemente, o roteirista Joel Surnow, um dos criadores da série televisiva de sucesso 24 horas, muito criticada pela exaltação da violência, defende-se com argumentos menos sofisticados, mas de grande apelo:

> Acho que a tortura funciona. Funcionaria comigo. (...) Para qualquer pessoa que se encontre nas circunstâncias em que Jack Bauer [heroi da

---

36 Veja, 17/9/2003.

série] está, acho que seria bobagem não usá-la. Se a família de alguém fosse ser assassinada dali a dez minutos, a menos que você conseguisse obter alguma informação por meio de tortura, você torturaria. (...) E não estamos dizendo que seja bom, ruim ou sei lá o quê. Queremos saber: o que você faria?". A pergunta, sem dúvida, é embaraçosa.[37]

Em resumo, acontecimentos como o nazismo, o comunismo, a "Batalha de Argel", a prisão de Abu Ghraib etc. põem em xeque o que o historiador americano Edward Peters chama de "modelo progressista-humanitário", durante muito tempo adotado, às vezes implicitamente, pelos historiadores do direito para explicar o desaparecimento da tortura em termos de um progresso do espírito humano exprimindo-se por meio da palavra dos grandes reformadores penais da época do Iluminismo: Beccaria, Voltaire, Condorcet etc. Uma explicação frequentemente lembrada para explicar o seu retorno reside numa mutação que se operou no fenômeno da guerra: as gloriosas batalhas de antigamente, em que dois exércitos claramente identificados se batiam frente a frente regidos por um código de honra, foram em grande parte ultrapassadas por acontecimentos tipicamente modernos como as "guerras revolucionárias" e as "guerras de libertação nacional", nas quais os insurgentes adotam o terrorismo como uma das formas de luta e onde o aparato de repressão se vê desafiado por um "inimigo interno" escondido no seio da população, que é preciso a todo custo descobrir. Daí... Um

---

37 Bravo!, março de 2007.

outro historiador, Alec Mellor, resume essa explicação ao se referir às "condições modernas da guerra: a procura, a todo preço, a cada minuto, sempre com urgência, da *informação*, donde o desenvolvimento dos serviços *especiais* e do interrogatório *especial*[38] – itálicos no original. Essa explicação, sem dúvida, possui considerável validade quando pensamos em tais circunstâncias, capazes de engendrar um tipo de tortura que qualificaríamos de instrumental. É o tipo de tortura justificada tanto pelo general Massu e o roteirista Joel Surnow quanto pelo delegado brasileiro quando explica que a vítima do roubo quer a recuperação dos objetos roubados... Mas, objeta Vidal-Naquet,

> esse tipo de explicação de nada vale quando se pensa nos S.S. que torturavam judeus para obrigá-los a dizer que eram judeus sujos, nos oficiais franceses que torturavam argelinos para obrigá-los a gritar Viva a França!, ou nos policiais soviéticos torturando os militantes do partido para obrigá--los a confessar crimes que eles sabiam melhor do que ninguém serem inteiramente imaginários.[39]

Da mesma forma, pode-se também objetar, a lógica da tortura instrumental aparentemente nada tem a ver com os episódios de crueldade gratuita presentes nos linchamentos. Haveria mais de uma lógica nessa aparente insanidade?

---

38 Mellor, p. 179.
39 Vidal-Naquet, 1972, p. 13.

IV
A INSURGÊNCIA DA ÉTICA

Os exemplos que vimos autorizam a pensar que existe uma tortura institucional quando ela apresenta os contornos de uma ação emanada, autorizada ou pelos menos seguidamente tolerada por algum centro de poder, geralmente visando a uma finalidade qualquer – e nesse caso poderíamos qualificá-la de instrumental –, e uma tortura espontânea, quando ela irrompe no curso de alguma ação violenta como são os massacres e linchamentos executados com requintes de crueldade. Entretanto, mesmo se isso em nada altera a sua gravidade, a verdade é que, hodiernamente falando, a tortura espontânea é bem menos relevante e significativa quando comparada à outra. Os maiores torturadores do século passado, seguramente, não são os linchadores das periferias brasileiras nem os negros de algum subúrbio miserável da África do

Sul que amarravam um pneu em chamas no pescoço de algum outro negro condenado como alcaguete (dava-se a esse suplício o nome de "colar") na época do *apartheid*, mas os esbirros do nazismo, do comunismo, do colonialismo etc.; e, na América Latina, da ordem social escravocrata e do anticomunismo, o que mostra como a tortura pode ser um instrumental a mais de uma ideologia e de um interesse.

A ira popular, evidentemente, não é completamente aleatória nem se exerce fora de qualquer contexto, como se a sociologia nada tivesse a dizer sobre o assunto. Muito pelo contrário. No caso do Brasil, por exemplo, a ira dos linchadores está relacionada ao contexto da nossa ordem social marcada pelo escravismo, tanto porque ela se nutre da cultura ancestral dos maus-tratos contra as classes subalternas quanto porque ela reproduz, em toda sua perversidade, a repressão policial violenta que se abate seletivamente sobre os mais desprotegidos. Da mesma maneira que nenhum policial jamais ousou colocar um figurão metido em corrupção no pau-de-arara para que ele fornecesse o número da conta secreta na Suíça, nenhum grupo de linchadores jamais exerceu sua justiça sumária sobre um político acusado do desvio de verbas. Independentemente da consciência que disso têm os atores sociais, as regularidades e os condicionamentos sociológicos existem. Noutras palavras, tortura não planejada não quer dizer tortura ilógica, nem sociologicamente inexplicável. Aliás, pode-se até mesmo dizer que ela é mais sociologicamente determinável do que a outra, a institucional, na medida em que os seus atores, que geralmente agem por impulso, parecem mais submetidos a certas determinações ambien-

Do Nunca Mais ao Eterno Retorno

tais do que os funcionários do nazismo, do comunismo ou do anticomunismo organizando burocraticamente a tortura instrumental.

Voltemos rapidamente à reportagem citada da *Veja* e escutemos algumas vozes das pessoas que participaram do linchamento ali relatado. Um desempregado de 24 anos que bateu nos linchados com um paralelepípedo parece que volta a si: "Infelizmente fiz isso". Uma senhora de 53 anos, que enfiou um cabo pontudo de vassoura na boca de um dos mortos, dá seu depoimento depois de ter ido à igreja se confessar: "Não sei por que bati. Foi coisa de momento". Essas falas parecem dar conta menos de uma ação refletida do que de comportamentos respondentes no sentido pavloviano do termo. Pessoas submetidas a um cotidiano de miséria, medo e violência – numa palavra, a estímulos desumanizantes – tendem a agir desumanamente. Nessas circunstâncias, é como se elas fossem inteiramente explicáveis sociologicamente. Ou mesmo sociobiologicamente... De vez em quando, nas superlotadas cadeias brasileiras, os presos reagem à superlotação matando-se entre si. É uma situação que lembra um experimento clássico com ratos de laboratório: desde que o número deles aumenta, permanecendo o hábitat do mesmo tamanho, aumenta também a sua agressividade. Mas, chegados a esse ponto, os homens – como parece ser o caso dos linchadores de Olaria – talvez já tenham perdido a capacidade especificamente humana de serem algo mais do que simples cães de Pavlov...

Outra é a situação da tortura institucional. Ela é pensada, teorizada – às vezes mesmo autorizada, ainda que em documentos classificados *top secret* – e serve a um desígnio político consciente no caso dos regimes totalitários e das ditaduras. No caso da nossa ordem social excludente, esse desígnio não aparece claramente e a justificação da tortura não necessita de maiores elaborações, integrando o senso comum. Os seus teóricos são pessoas como o velho repórter policial aposentado e demagogos como Afanásio Jazadji e Wagner Montes. Num e noutro caso, entretanto, a presença da tortura como fenômeno constante na história da humanidade tem na utilidade o seu maior aliado. Por isso que a reflexão de Vidal-Naquet sobre a aparente irracionalidade dos nazistas exigindo dos judeus que se dissessem sujos, dos militares franceses que os argelinos gritassem "Viva a França!" e da polícia política de Stalin que velhos comunistas confessassem complôs imaginários, não me parece muito sólida. Em cada um desses casos é possível, sim, detectar um desígnio utilitário na atitude dos torturadores. Essa é uma questão que precisa ser corajosamente encarada: a tortura é útil! E essa utilidade não é reconhecida apenas por figuras sem maior sofisticação teórica como o roteirista Joel Surnow. No meio dos debates que sua prática suscitou na França na época da guerra da Argélia, há uma reflexão corajosa de Edgar Morin que merece ser retomada:

> A tortura é eficaz. É verdade que essa eficácia tem seus limites: ela é incapaz de determinar a vitória na guerra; ela provoca, de volta, uma contraeficácia, ao suscitar vingadores. Mas ela é eficaz. Estatisticamente, a tortura faz falar e produz informações úteis. Tal é a constatação de todos, vítimas, torturadores, advogados, que conhecem

> esse aspecto da guerra da Argélia mas que, por razões divergentes, dele falam pouco. (...) Nessas condições, é insensato denunciar a ineficácia de tortura, e ainda mais condená-la em nome da eficácia, como o fizeram durante um certo tempo intelectuais ignorantes dos verdadeiros dramas e dos verdadeiros problemas. (...) A perda da fé na moral, a fé nova na eficácia desarmam hoje aqueles que se queriam os mais eficazes contra a tortura, mas que perderam a única eficácia possível, que é moral. Só do ponto de vista da moral é que a tortura pode ser condenada de modo absoluto.[40]

A reflexão de Morin é corajosa não apenas porque reconhece a utilidade da tortura, mas também porque remete ao terreno frágil da ética a única possibilidade de nos insurgirmos absolutamente contra ela. O problema aqui é que, se "Deus está morto", como queria Nietzsche, "tudo é permitido", como conclui um personagem de Dostoiévski. Ademais, historicamente, como sabemos, a presença da divindade nos negócios humanos nunca impediu que os homens praticassem atrocidades uns contra os outros. Ao contrário, muitas vezes a própria fé impulsionou-as. Basta lembrar as guerras de religião que tanto ensanguentaram a cristandade, para não falar do caso tantas vezes citado da Santa Inquisição da Igreja Católica, a qual, justamente para salvar a alma do pecador, mortificava-lhe o corpo com torturas para que ele confessasse os pecados. Isso, porém, forçoso é reconhecer, pertence a uma quadra

---

40 France-Observateur, 9/7/1959.

específica da história do catolicismo que hoje se penitencia, ele também, por esses pecados. No espaço cultural da cristandade, tais práticas são vistas modernamente como algo inadmissível numa fé cujo fundador morreu num instrumento de tortura, a cruz. Por outro lado, vale a pena lembrar que a primeira instituição no Brasil a se insurgir contra os desmandos da ditadura militar foi justamente a Igreja Católica, a partir do seu ideário cristão. A própria Declaração dos Direitos Humanos da ONU aparece nessa época numa publicação da CESE (Coordenadoria Ecumênica de Serviços), uma instituição de cristãos ecumênicos brasileiros, como sendo uma formulação moderna da palavra de Deus na Bíblia. Onde se lê: "Todo homem tem direito à vida" (art. III), pode-se também ler: "Eu vim para que tenham vida" (Jo; 10, 10); onde se lê: "Ninguém será submetido a tortura nem a tratamento cruel, desumano ou degradante" (art. V), pode-se também ler: "Não oprimas teu irmão" (Lv; 25, 14) – e assim por diante.

Malgrado isso, é uma verdade inegável que a cultura do mundo moderno, sob a influência esmagadora da ciência, vive a experiência do desaparecimento da transcendência como fonte dos valores segundo os quais este baixo-mundo seria julgado, deixando-nos numa situação de orfandade traduzida pela metáfora da "morte de Deus". Dando a esse termo a acepção mais larga possível, o mundo moderno é fundamentalmente materialista. A sensibilidade dos homens e os próprios valores são submetidos à análise científica e, assim, dessacralizados. A conhecida observação marxista de que "o reconhecimento dos direitos do homem pelo Estado moderno não teve maior significação do que o reconhecimento da escravidão pelo Estado antigo" ilustra bem essa tendência. Poder-se-ia objetar dizendo que isso não constitui uma característica geral, mas um cacoete típico do marxismo, ao qual estamos acostumados a associar tais análises materialistas como pertencendo-lhe com exclusividade. Nada mais equivocado. Tal tendência, de fato, independe da própria coloração ideológica do analista, aparecendo como uma característica da *epistème* geral da época moderna, para usar o termo posto em voga por Foucault.

Façamos uma rápida comparação. De um lado, Marx, cujo esquema analítico mais geral sobre a religião, a moral, o direito – numa palavra, os valores – é exposto num trecho tão clássico do "Prefácio" à *Crítica da economia política* que gerações inteiras aprenderam-no de cor:

> Na produção social da própria vida, os homens contraem relações determinadas, necessárias, independentes de sua vontade, relações de produção estas que correspondem a uma etapa determinada de desenvolvimento das suas forças produtivas materiais. A totalidade destas relações de produção forma a estrutura econômica da sociedade, a base real sobre a qual se levanta uma superestrutura jurídica e política, e à qual correspondem formas sociais determinadas de consciência.[41]

De outro, um dos fundadores da sociologia que lhe é em quase tudo oposto, Durkheim. Este, preocupado em distinguir os fenômenos sociais normais dos fenômenos

---

41 Marx, 1974, p. 135-136.

patológicos, estabelece no clássico *As regras do método sociológico* o seguinte princípio: "A normalidade do fenômeno será explicada somente pelo fato de que se liga às condições de existência da espécie considerada, seja como um efeito mecanicamente necessário de tais condições, seja como um meio que permite aos organismos adaptar-se a essas mesmas condições". E exemplifica:

> Por exemplo, para saber se o estado econômico atual dos povos europeus, com sua característica ausência de organização, é normal ou não, procurar-se-á, no passado, o que lhe deu origem. Se estas condições são ainda aquelas em que atualmente se encontra nossa sociedade, é porque a situação é normal, a despeito dos protestos que desencadeia.[42]

Poderá alguém ser mais materialista?

No esquema analítico desse materialismo durkheimiano, já classificado apropriadamente como um sociologismo, poderíamos perfeitamente considerar a tortura uma prática "normal" das sociedades latinoamericanas, na medida em que, exercitada pelo Estado, pelos esquadrões da morte ou pela população enfurecida, ela tanto reflete a ordem social escravocrata, que sempre foi a nossa condição, quanto permite que as pessoas a ela se adaptem. Idêntica "normalidade" poderia ser atribuída aos açoites e amputações adotados por alguns países muçulmanos, uma vez que tais práticas se enraízam na sua cultura

---

42 Durkheim, 1978, p. 52-53.

mais profunda. Do lado oposto, o fim dos suplícios na Europa iluminista seria um acontecimento particular a essas sociedades. É, aliás, isso que sugere o próprio Durkheim numa obra menos conhecida, *Sociologia e filosofia*, num trecho em que ele coloca a seguinte questão:

> Se, por exemplo, em um momento dado, a sociedade em seu conjunto tende a perder de vista os direitos sagrados do indivíduo, não seria o caso de repreendê-la com autoridade, lembrando-lhe como o respeito a esses direitos está estreitamente ligado à estrutura das grandes sociedades européias, ao conjunto da nossa realidade, de tal forma que negá-los sob pretexto de interesses sociais, é negar os interesses sociais mais essenciais?[43]

É nesse enfoque tipicamente moderno, geralmente dessacralizante, que surgem explicações tentando dar conta da mudança da cultura punitiva do *ancien régime* em termos francamente anti-idealistas. Assim fazem Georg Rusche e Otto Kirchheimer, que no seu clássico trabalho *Punição e estruturas sociais* – ponto de partida do próprio trabalho de Michel Foucault – relacionam os diferentes regimes de produção e as diferentes formas de punir: na Antiguidade, os mecanismos punitivos teriam a função de trazer mão-de-obra suplementar por meio da escravidão; no feudalismo, época de escassez de moeda e de uma produtividade pouco desenvolvida, teríamos um crescimento dos castigos corporais, na medida em que,

---

43 Durkheim, 1924, p. 87.

frequentemente, o corpo era o único bem disponível; no sistema industrial capitalista, onde predomina um mercado de mão-de-obra livre, a punição reveste sobretudo a forma de detenção com finalidade corretiva. Essa explicação é retomada e aprofundada por Foucault no arquiconhecido *Vigiar e punir*, em que o autor defende a tese de que a substituição dos suplícios por métodos menos sanguinários como a prisão não constitui senão um subproduto da emergência de um novo tipo de sociedade, que ele chama de "disciplinar", a qual, por sua vez, seria correlata ao modo de produção capitalista.[44] Nesse livro, Foucault investe sem nenhuma concessão contra as leituras humanistas dos reformadores penais do século XVIII que propugnaram a abolição dos castigos cruéis, notadamente Beccaria, o mais famoso desses reformadores e um dos mais criticados – muitas vezes ironizado – por Foucault.

Estribado numa farta leitura de documentos da época, o autor sustenta que a verdadeira finalidade da reforma era dotar a lei penal de uma racionalidade que ela não tinha, visando torná-la mais eficaz. Foucault desvenda o lado utilitarista de Beccaria, que era contra o direito de misericórdia do monarca porque, "se deixarmos ver aos homens que o crime pode ser perdoado e que o castigo não é a sua continuação necessária, nutrimos neles a esperança da impunidade". De fato, não resta dúvida de que uma leitura atenta de um clássico como *Dos delitos e das penas* detecta inúmeros argumentos utilitaristas usados por Beccaria, algo equivalente ao que diz modernamente a Anistia Internacional, por exemplo, quando se posiciona

---

44 Foucault, 1977.

Do Nunca Mais ao Eterno Retorno

contra a pena de morte valendo-se, ao lado dos argumentos humanitários, de estatísticas que mostram que a sua abolição não faz subir a taxa de criminalidade. Mas daí devemos concluir que todos que lutam contra a pena capital são movidos apenas por essa forma calculista de pensar?

Foucault, em nenhum instante, considera a possibilidade de que Beccaria e os demais reformadores pudessem estar agindo por um genuíno impulso de sensibilidade humana – o que, claro, não exclui também a motivação utilitária, à qual Foucault aferra-se de modo unilateral:

> Essa racionalidade "econômica" é que deve medir a pena e prescrever as técnicas ajustadas. "Humanidade" é o nome respeitoso dado a essa economia e a seus cálculos minuciosos.

As aspas irônicas na palavra "humanidade" dão o tom da impiedosa crítica foucaultiana, segundo a qual não podemos nos abandonar ingenuamente à ficção idealista de uma sensibilidade que não suporta o espetáculo da tortura, uma vez que essa sensibilidade, por sua vez, seria necessário também explicá-la por fatores a ela externos.

Esse rápido percurso bibliográfico, ainda que sumário, pretende simplesmente ressaltar que os esquemas analíticos da sociologia são aparentemente de nenhuma valia para fundamentar interditos absolutos estribados na ética, como é o caso da condenação à tortura, uma vez que a própria ética, ao ser submetida à causalidade sociológica, perde a aura que só as coisas indiscutíveis ostentam. Da mesma forma, ainda que por outras razões, tampouco são de alguma valia as filosofias da história de vocação finalística, como o exemplo do comunismo na versão marxista-leninista demonstra. Do nazismo, claro, nem tem sentido argumentar, pois uma ideologia assentada numa ideia impiedosa de raça exclui, *ipso facto*, a ideia de humanidade implícita na condenação à tortura. Agora o que se passou com o comunismo, talvez a ideologia mais libertária que a humanidade já produziu, merece nossa atenção. Inclusive porque, como vimos, foram os comunistas que, uma vez no poder, reintroduziram a tortura política na Europa no século que passou.

Voltemos à nossa música popular. Desta vez, cubano-brasileira! No fim dos anos 1970, uma canção da dupla Chico Buarque e Pablo Milanès, *Canción por la Unidad de Latino América*, tinha uma estrofe que dizia:

> A história é um carro alegre
> Cheio de um povo contente
> Que atropela indiferente
> Todo aquele que a negue...

Não sei se os autores atentaram para esse aspecto, mas, analisando-a à luz da filosofia marxista, essa estrofe exemplifica à perfeição a visão da história como um processo inexorável que pouco está ligando para as vítimas que faz no seu devenir. O próprio Marx, como sabemos, insistia em ver no comunismo não uma "ideia" a ser alcançada pelos homens, mas um "movimento real" cujo impulso residiria na substituição de um modo de produção por outro. Substituição essa, aliás, tida como inevitável pela própria dinâmica de um descompasso que, em algum momento, se verificaria entre forças produtivas e

Do Nunca Mais ao Eterno Retorno

relações sociais de produção. É essa postura que levou o marxismo a considerar os chamados fenômenos superestruturais, entre os quais a ética, com uma objetividade "científica" que dispensava o concurso do que antigamente se chamava "sentimentalismos pequeno-burgueses". Típico disso é a serenidade com que a tradição marxista sempre encarou o papel da violência na história. Considerada a "parteira da nova sociedade", a violência, mais do que aceita, foi glorificada. Marx, Engels, Lênin, Trotsky – para só citar os mais conhecidos –, todos a exaltaram. Isso não quer dizer, naturalmente, que seria legítimo considerar o marxismo um sistema filosófico desprovido de toda ética. Ao contrário, uma filosofia que aspira ardentemente a uma sociedade onde todos os homens serão livres e iguais, pode ser considerada profundamente ética. Mas tal sociedade é vislumbrada como possível apenas ao fim de um longo e penoso processo no curso do qual a ética teria pouca coisa, senão nada, a dizer. Ou seja: enquanto esse dia não chega, o critério de julgamento dos valores está, geralmente, submetido a um instrumentalismo implacável. O interesse do proletariado, e só ele, é o que conta. Trotsky, no clássico *Terrorismo e comunismo*, dirá sem meias-palavras:

> Para vencer, é preciso utilizar todas as armas, sem hesitação, sem exceção alguma, e utilizá--las de forma impiedosa, sem a mínima concessão, nem aos princípios da democracia ou da metafísica pequeno-burguesa, nem mesmo a todos os princípios humanitários que não podem ser, em toda so-

ciedade de classes, e mil vezes mais ainda na sociedade imperialista, senão uma cínica mascarada.[45]

Significaria isso dizer que os clássicos do marxismo seriam complacentes com a tortura? Aqui nós nos deparamos com um fenômeno curioso: eles nada dizem a respeito! Por quê? Entre as várias respostas possíveis, considero que a mais provável reside num acontecimento sobre o que já falamos: a época em que eles escrevem, o século XIX para Marx e Engels, o início do século XX para Lênin e Trotsky, é um período em que a tortura tinha praticamente desaparecido do horizonte histórico desses autores. Quando eles teorizam sobre a violência, aceitam-na e até a reivindicam, a tortura é algo sobre o que eles não têm praticamente de tomar posição, tratando-se de um tema estranho à sua especulação. Mesmo Trotsky, que com uma franqueza brutal não hesita, em *Terrorismo e comunismo*, em justificar atos de represália como a prisão de suspeitos, o fuzilamento sumário, a tomada de reféns etc., mesmo nele a questão da tortura não é sequer mencionada. Mas como toda regra tem exceção, curiosamente há no próprio Marx pelo menos uma referência à tortura como uma prática encontrável no seu tempo, se bem que no contexto de represálias anti-insurrecionais e não como método policial "normal", como mais tarde veio a acontecer. Essa referência encontra-se n'*A guerra civil na França*, quando Marx relata as atrocidades cometidas pelas tropas de Thiers contra os últimos sobreviventes da Comuna de Paris, episódio que ele qualifica de "a indizível infâmia de 1871". O trecho é o seguinte: "Para encontrar um paralelo

---
45 Trotsky, 1980, p. 9.

à conduta de Thiers e seus cães, seria preciso remontar ao tempo de Sila e dos dois triunviratos de Roma. Mesma carnificina em massa, executada a sangue frio, mesma indiferença no massacre quanto à idade e ao sexo, mesmo sistema de *torturar* os prisioneiros"[46] – itálico meu. Significa isso dizer que, na prática, Marx teria oposto ao seu historicismo teórico uma espécie de barreira intransponível? – pois, ao transpô-la, entraríamos no terreno do "indizível"? Uma resposta positiva a essa questão parece possível, tanto mais que nesse mesmo escrito – contrariamente a um Trotsky, por exemplo – Marx condena claramente a execução de prisioneiros e civis, pois tais atos, da mesma forma que a tortura, infringiriam o código de honra da "guerra entre civilizados" – expressão sua.

Seja como for, a verdade é que é difícil, senão impossível, enquadrar uma condenação absoluta à tortura no esquema analítico de uma teoria que, como o marxismo, nega-se a considerações ético-metafísicas sobre a violência desvinculadas das forças sociais a que ela estaria servindo. A historicidade dos valores é, no marxismo, um postulado fundamental. Daí não serem despropositadas, mesmo que achemos isso aberrante, as discussões entre os revolucionários soviéticos citados por Soljenitsin acerca da legitimidade da tortura de um ponto de vista marxista, em seguida à Revolução de Outubro de 1917. Em abril de 1990, essa mesma questão ainda rondava alguns personagens aparentemente saídos das páginas de algum romance anacrônico do célebre dissidente russo, reunidos num seminário para responder à seguinte questão: "Num

---

46 Marx, 1968, p. 81-82.

contexto de insurreição popular, seria moralmente válido torturar um general que detém informações decisivas para a vitória do povo?". Por incrível que pareça, os personagens eram reais, e a situação, idem. O seminário *Ética e política: um desafio do cotidiano*, foi realizado não em São Petersburgo, mas em São... Paulo![47] Realizado no Instituto Cajamar, o seminário reuniu cerca de quarenta intelectuais e militantes de esquerda para responder, entre outras, a essa candente pergunta. Ao final das discussões, fez-se uma votação e o resultado foi o seguinte: 24 votos contra, 8 abstenções e 8 a favor. A maioria foi contra mas, como se sabe, são as minorias que governam o mundo...

As razões dos votos a favor são as que já se conhece. De um lado, o argumento teórico da impossibilidade de existirem "valores morais acima da história"; de outro, o conhecido princípio de que os fins justificam os meios: se não se tortura, "estará derrotada a insurreição popular e triunfará uma realidade que é responsável pela morte de milhares de pessoas no dia-a-dia da vida do povo". É verdade que a ressalva de praxe – igualmente presente no discurso do general Massu e de outros, diga-se de passagem – também aparece: "Não aceitamos a tortura por princípio, só neste momento excepcional". Um dos que votaram a favor argumenta assim: "Eu queria saber qual é a diferença real, que me perdoe o pessoal do Tortura Nunca Mais, entre alguém dar um tiro ou atacar uma pessoa com um punhal, na calada da noite, para roubar-lhe uma arma, o que foi feito por muitos revolucionários, e torturar o inimigo, numa situação-limite, como a descrita neste exemplo". A resposta é dada por um tortu-

---

47 *Revista de Cultura Vozes*, vol. 85, nº 3, 1991.

rado que votou contra, o então deputado José Genoíno: "A tortura (...) é mais extrema do que botar contra a parede e dar um tiro. Muitos de nós, quando torturados, até quisemos que nos dessem um tiro para acabar com o sofrimento. A tortura jamais poderá ser igualada à violência. A violência não é contra a Humanidade, mas a tortura é". Essa linguagem, fazendo apelo à Humanidade (com letra maiúscula no texto) para fundamentar uma condenação incondicional à tortura, aproxima Genoíno mais da reflexão de Edgar Morin do que das determinações dos manuais onde a maior parte dos militantes de esquerda aprenderam marxismo.

Seguindo a reflexão de Morin, parece vão insurgir-se contra a tortura fazendo apelo a outros argumentos que não sejam morais. A sociologia, por exemplo, ao adotar o postulado de que todo fenômeno é o efeito de uma causa, é capaz de nos explicar por que se tortura, mas parece nos deixar desprotegidos quando se trata de dizer por que não se deve torturar. No lado inverso, as filosofias finalísticas, ao afirmarem que temos por destino um ponto ômega qualquer, nos autorizam a atropelar aqueles que se põem no caminho. Mas o argumento puramente moral, até por sua fragilidade, nos incita a explorá-lo mais um pouco. Ora, ao colocá-lo contra o pano de fundo da história, nos deparamos com um fenômeno no mínimo interessante.

V

A TORTURA QUE (QUASE) NÃO OUSA DIZER SEU NOME

Quando Marx qualifica a feroz repressão que se seguiu à derrota da Comuna de Paris de "indizível infâmia", ele não está simplesmente se valendo de uma figura de retórica, pois a expressão capta bem um dos aspectos mais curiosos da prática da tortura após o seu reaparecimento nas primeiras décadas no século XX: a sua "indizibilidade". Com efeito, a negação da tortura pelas próprias autoridades que dão o sinal verde aos seus torturadores – ou que, mais comodamente, simplesmente nada querem saber do que se passa nos porões do regime, embora exijam resultados – é um comportamento praticamente generalizado no século que passou. Mesmo os sistemas totalitários que desdenharam seja em nome de uma classe (o comunismo), seja em nome de uma raça (o nazismo) o sentimentalismo humanista, mesmo esses sistemas não tiveram a ousadia de assumir tais práticas publicamente. O telegrama de Stalin endereçado em 1939 aos organismos de segurança era uma "ordem secreta". Da mesma forma, a Alemanha hitlerista não legislou publicamente sobre a tortura. Normalmente, as instruções relativas a judeus, comunistas, ciganos etc. eram dadas em circulares secretas e, mesmo aí, apareciam de forma dissimulada: "tratamento especial", "terceiro grau" etc. Na França, o famoso Relatório Wuillaume, recomendando a oficialização da tortura na Argélia, era destinado a uma circulação confidencial. Nesse domínio, a dissimulação é de regra, abrangendo desde eufemismos como "pressão física moderada", aceita pela Corte Suprema israelense, até trocadilhos infames como o de Wagner Montes, falando em "sessão de ternura" para não dizer o nome certo: sessão de tortura! E mais recentemente, como vimos, o sinal verde do secretário americano de Justiça, Roberto Gonzales, foi dado sob a forma de um "parecer secreto". Mesmo aí, como vimos, ele não admite tratar-se de tortura, pois seriam evitados "danos permanentes" nos interrogados.

Uma das raras exceções ao princípio geral do não reconhecimento público da tortura, curiosamente, vem justamente de um dos personagens mais importantes da guerra da Argélia, o general Massu. Em 1971, mais de dez anos depois dos acontecimentos, num livro de memórias que chamou de *A verdadeira batalha de Argel*, Massu, assumindo por escrito não ter "medo da palavra", interroga-se: "À questão: 'houve de fato tortura?' eu só posso responder pela afirmativa, ainda que ela não tenha sido institucionalizada nem codificada". E explica:

> Tratava-se de obter uma informação operacional urgente, da qual dependia a vida de seres inocentes, deliberadamente sacrificados pelo F.L.N. ao seu objetivo. (...) Então, na prática, se para obrigar a 'entregar o serviço' era preciso 'bater um pouquinho', os investigadores eram levados a aplicar nos acusados dores físicas cuja violência era graduada para se chegar à confissão.[48]

Com raríssimas exceções – que destacarei adiante –, nunca se viu tal franqueza dos militares brasileiros que conduziram a "guerra suja" entre 1969 e 1976, mesmo se, também aqui, alguns oficiais do exército escreveram, no final dos anos 1980, suas memórias dessa guerra. Um deles, o tenente Marco Pollo Giordani, dá ao seu livro um título que é uma réplica direta ao projeto "Brasil: Nunca Mais" da Arquidiocese de São Paulo: *Brasil: Sempre*. Apesar do que o título dá a sugerir, entretanto, não se trata de forma alguma de reivindicar a legitimidade dos métodos empregados, como fez o general Massu. Ao contrário deste, nenhum dos oficiais-autores, apesar de todas as provas reunidas e publicadas ao longo dos anos, aceita a verdade histórica solidamente estabelecida de que a tortura foi uma prática sistemática adotada pelas forças de segurança no curso dessa guerra. Para eles, isso não passa de uma conspiração urdida por "pseudointelectuais de esquerda" infiltrados na imprensa.

Como eles mesmos dizem, é possível que alguns "excessos" – outro eufemismo frequentemente empregado

---

48 Massu, 1971, p. 165-167.

– tenham sido cometidos. O coronel Márcio Matos Viana Pereira, no seu *O direito de opinar*, chega a reconhecer ser possível "que torturas tenham sido feitas". "Mas" – observa em seguida –, "se ocorreu, o foi por iniciativa individual, episodicamente, como consequência, talvez, de uma descarga de violenta tensão e, jamais, tenho certeza, em cumprimento de ordem superior, ou com o conhecimento e aprovação da estrutura de Comando."[49] Esse mesmo oficial, em alguns instantes, chega bem perto de esboçar uma justificativa para essas "descargas de violenta tensão", como no trecho em que, comentando o assassinato de um sargento da FAB pelo guerrilheiro Theodomiro Romeiro dos Santos, diz: "Esse tipo de guerra não admite vacilações, nem determinados escrúpulos". Mas, três páginas adiante, adverte enfaticamente: "Não estou, neste capítulo, pretendendo defender a tortura. Não! A tortura é abominável por ser covarde, por ser praticada contra a vítima indefesa e por utilizar processos sádicos. O que eu defendo é a imagem dos DOI/CODI, os quais, na sua totalidade, não utilizavam essa prática como conduta de interrogatório"[50]. O coronel Brilhante Ustra, o mais conhecido desses autores por ter sido reconhecido em 1985, numa cerimônia oficial, pela atriz e então deputada federal Bete Mendes como um dos seus torturadores, escreve o seu *Rompendo o silêncio*, como ele mesmo diz, "em respeito a mim mesmo, no momento em que sou caluniado, achincalhado, vilipendiado, chamado de monstro e comparado com os assassinos nazistas que horrorizaram

---

49 Viana Pereira, 1987, p. 99.
50 Idem, p. 102 e 105.

Do Nunca Mais ao Eterno Retorno

a humanidade"[51]. O livro de Ustra ilustra à perfeição o não-dito que estamos analisando. Num capítulo chamado "Guerra é Guerra", tem-se a impressão de que ele vai tudo dizer, ao argumentar logo no primeiro parágrafo:

> Nossos acusadores reclamam com frequência de nossos interrogatórios. Alegam que presos inocentes eram mantidos horas sob tensão, sem dormir, sendo interrogados. Reclamam, também, de nossas "invasões de lares", sem mandados judiciais. É necessário explicar, porém, que não se consegue combater o terrorismo amparado nas leis normais, eficientes para um cidadão comum. Os terroristas não eram cidadãos comuns.[52]

Pois bem: e como eram então tratados esses cidadãos incomuns? O relato de Ustra sobre o que acontecia durante o "interrogatório" é de uma singeleza que chega a ser hilariante: "Os presos, ao serem interrogados, iam 'entregando', isto é, iam contando tudo a respeito de suas organizações"[53].

Todos esses autores escrevem ainda nos anos 1980. Nos anos 1990, um projeto do Centro de Pesquisa e Documentação de História Contemporânea do Brasil (CPDOC) da Fundação Getúlio Vargas entrevistou vários militares sobre o envolvimento das forças armadas na repressão política. Um volume publicado com o título *A repressão*

---

51 Brilhante Ustra, 1987, p. 15.

52 Idem, p. 157.

53 Idem, p. 73.

contém o depoimento de 12 oficiais superiores que aceitaram falar sobre aqueles anos de chumbo. O padrão de discrição, quando não de simples negação da tortura, se mantém. De todos eles, apenas um, o general Adyr Fiúza de Castro, não apenas admite, como a defende até com certo entusiasmo:

> Guerra é guerra. Se uma neta minha for raptada e eu pegar um camarada que saiba onde ela está, ah! eu torturo mesmo, faço o diabo, porque estou envolvido. Não tenho nenhum escrúpulo. (...) Agora, não sou um homem mau, não me considero um homem mau. Mas não sou contra a tortura. Acho que ela é válida em certas circunstâncias – para adquirir informações. (...) E todo mundo acha. Desde os esquimós até a China, todo mundo usa, quando necessário.[54]

Dos demais, apenas dois outros baixam a guarda por algum momento. Um deles, o general José Luiz Coelho Netto, chega a roçar a verdade, quando admite que pode ter havido "uns encontrões ou uns cascudos", para se recompor logo em seguida: "Mas isso não é tortura. Tortura é outra coisa. Nunca houve tortura. Nunca houve". O outro é o general Leônidas Pires Gonçalves, que chegou a ser ministro do Exército no governo José Sarney. Ele chega a admitir que ocorreram episódios de tortura, mas os atribui à iniciativa local e pessoal de um ou outro brutamontes: "Houve tortura? Houve. Mas quem pode controlar uma pessoa na ponta de linha que não teve

---

54 Citado em D'Araújo et alii, 1994, p. 73.

Do Nunca Mais ao Eterno Retorno

uma educação moral perfeita, e de origens as mais variadas?". E é peremptório quanto à inocência dos altos escalões: "Agora, uma coisa eu tenho assegurado e asseguro historicamente: nunca foi política, nem ordem, nem norma torturar ninguém"[55]. Finalmente, ouvido no mesmo projeto do CPDOC, o ex-presidente Geisel, entrevistado em 1993, reconhece, com a sua circunspecção habitual, que houve, sim, tortura, e até defende o seu uso, num tom próximo ao do general francês:

> Eu acho que houve. Não todo o tempo. (...) Acho que a tortura em certos casos torna-se necessária, para obter confissões. (...) no tempo do governo Juscelino alguns oficiais (...) foram mandados à Inglaterra para conhecer as técnicas do serviço de informação e contrainformação inglês. Entre o que aprenderam havia vários procedimentos sobre tortura. O inglês, no seu serviço secreto, realiza com discrição. E o nosso pessoal, inexperiente e extrovertido, faz abertamente. Não justifico a tortura, mas reconheço que há circunstâncias em que o indivíduo é impelido a praticar a tortura, para obter determinadas confissões e, assim, evitar um mal maior![56]

Geisel como que tenta resolver o problema da quadratura do círculo. Inútil e impossível. Afinal, como pode alguém reconhecer a necessidade de alguma coisa e afirmar ao mesmo tempo que não a justifica? Ainda aqui, nos

---

55 Idem, p. 238 e 249.

56 Citado em D'Araújo e Castro, 1997, p. 224-225.

defrontamos com o mesmo embaraço tão comum nesses casos. De toda forma, qualquer dúvida que um ou outro espírito ainda crédulo poderia ter sobre a tortura como política de estado no Brasil, naqueles anos, desmoronou em 1995, quando, aparentemente por um deslize da burocracia, um documento "confidencial" do Gabinete do Ministro do Exército que estava no Departamento de Ordem Política e Social (Dops) do Paraná, extinto em 1983, foi parar no Arquivo Público daquele estado e ficou disponível para o público. Descoberto pela professora de História Derlei Catarina de Luca, o documento, intitulado *Interrogatório*, mereceu ampla divulgação pelo Jornal do Brasil (23/4/1995). Trata-se de um documento estonteante. Assume que "o objetivo de um interrogatório de subversivos não é fornecer dados para a Justiça Criminal processá-los; seu objetivo real é obter o máximo possível de informações. Para conseguir isso, será necessário, frequentemente, recorrer a *métodos de interrogatório que, legalmente, constituem violência* (p. 18) – itálicos meus. Confissão mais clara do que essa, impossível. Quatro páginas adiante, entretanto, o seu redator, num exercício de contorcionismo inacreditável, escreve com todas as letras: "Ainda que algumas das técnicas constituam violência perante a lei, *nenhuma delas envolve torturas* ou tratamento inadequado" (p. 22) – itálicos meus. Mais do que isso, o autor do documento está plenamente consciente dos efeitos deletérios que a prática da tortura – ou, na sua linguagem esquizoide, "o emprego de violência indiscriminada em interrogatório" – acarreta para aquele mesmo que a emprega, alertando para algumas consequências negativas do seu uso, como "grande desgaste político internacional", "um certo alheamento do povo, por vergonha, medo ou até nojo", "uma escalada de ódios e desejos de vingança" etc. Chega até a reconhecer, entre esses efeitos, "injustiças clamorosas e irreparáveis" (p. 37-38). Mais uma vez se repete a mesma recusa em dar às coisas o nome que elas têm.

Essa discrição envergonhada que, de um modo geral, recobre a prática da tortura quer dizer que, no mundo moderno, mesmo os torturadores têm consciência de que seus atos vão além do que uma certa sensibilidade pública aceita como os limites da "guerra entre civilizados". Até mesmo o general Massu adverte seus leitores de que a tortura "era um *métier* moralmente perigoso", cuja prática "criava uma psicose doentia"[57]. Ora, tais recusas obsessivas em admitir o que todo mundo sabe, tais advertências feitas por quem não hesitou em autorizar o emprego da tortura, não seriam nada além da tradicional homenagem que o vício presta à virtude? Mera hipocrisia? Ou haveria algo mais? Creio que sim. Ocorre que, em relação a outras formas de violência, a tortura apresenta um *plus* que faz dela um caso especial não comparável às demais: refiro-me ao espetáculo do sofrimento físico que lhe é inerente, fonte do consequente horror que geralmente inspira. Jean-Jacques Rousseau, no seu *Discurso sobre a origem e os fundamentos da desigualdade entre os homens*, de 1754, introduz na reflexão política o conceito de piedade, que ele define como "uma repugnância inata em ver sofrer o seu semelhante (...), virtude tão universal e tão útil ao homem que, nele, ela precede o uso de qualquer reflexão, e tão Natural que até mesmo os animais manifestam algumas vezes si-

---

57 Massu, p. 166.

nais de possuí-la"[58]. A reflexão de Rousseau, um dos autores mais paradigmáticos da cultura iluminista do século XVIII, põe em relevo um dos aspectos mais interessantes do que estamos chamando de sensibilidade moderna, justamente o horror que inspira o sofrimento físico. Daí esse fato curioso, já observado páginas atrás – à primeira vista paradoxal – de que a Revolução Francesa, o acontecimento fundacional dos tempos modernos por excelência, apesar de ter cortado milhares de cabeças, não ousou torturar os que ela considerava "inimigos do povo".

Mas, se continuarmos perscrutando a história, veremos que a visão da tortura como uma coisa ignóbil vem de muito mais longe. Por exemplo, os romanos consideravam-na como *res fragila et periculosa*... É bem verdade que, como lembram os historiadores, essa advertência sobre os perigos da tortura baseava-se não exatamente num humanismo antes da hora, mas sobre a suspeita de que a prova produzida por tais métodos não inspirava confiança. Ou seja: a condenação à tortura, nesses tempos recuados, seria de natureza estritamente técnica. Ainda segundo os historiadores, procurar-se-ia em vão, entre os Antigos, uma condenação moral da tortura, como tornou-se comum nos tempos modernos. Nesse sentido pode-se dizer que, efetivamente, a condenação moderna à tortura em razão de sua crueldade constitui um ponto de ruptura com os Antigos. Entretanto, vale a pena observar que entre os mesmos romanos a tortura era geralmente reservada a escravos, estrangeiros etc., a majestade do cidadão romano preservando-o da vergonha de ser submetido a

---
58 Rousseau, 1965, p. 74.

Do Nunca Mais ao Eterno Retorno

tais métodos. Foi com esse argumento, como vimos, que o apóstolo Paulo safou-se do sofrimento do qual não escapou Jesus. Nesse caso parece legítimo pensar que já existe entre os romanos, ao menos implicitamente, uma condenação moral à tortura, na medida em que eles geralmente a reservavam àqueles que a mentalidade vigente colocava abaixo da humanidade. Outra é a situação no mundo moderno onde – a partir do Iluminismo pelo menos, e apesar de surtos de retrocesso como o nazismo – a ideia cada vez mais espalhada é a que considera que todos os homens fazem parte de uma mesma humanidade; dito de outro modo, que todos os homens são, em essência, iguais.

Isso nos remete outra vez à hipótese enunciada por Tocqueville sobre a "suavização dos costumes" própria às sociedades democráticas, que ele define como aquelas onde se instala um processo que, mesmo não sendo abrupto, é contínuo, que ele chama de "igualdade das condições". Escreve Tocqueville:

> Quando os cronistas da Idade Média, que, por seu nascimento ou por seus costumes, pertenciam todos à aristocracia, relatam o fim trágico de um nobre, são dores sem fim; enquanto que eles contam sem maiores delongas e sem franzir o sobrolho os massacres e as torturas das pessoas do povo". Mas, "quando as posições sociais são quase iguais num povo, todos os homens tendo mais ou menos a mesma maneira de pensar e de sentir, cada um deles pode julgar num instante as sensações de todos os outros (...). Então já não existe miséria que ele conceba sem sofrimento, e da qual um instinto secreto não lhe descortine a extensão.

É indiferente que se trate de estrangeiros ou de inimigos, pois a imaginação se coloca imediatamente no seu lugar. Ela mistura qualquer coisa de pessoal à sua piedade, e faz ele próprio sofrer enquanto se despedaça o corpo do seu semelhante.[59]

A hipótese desse autor parece consistente com o que se passa em sociedades como a brasileira, onde, pela persistência da ordem social escravocrata, a opinião pública dominante aceita com certa naturalidade o fato de que as classes populares sejam "torturáveis", ao contrário do que ocorre com os bem-nascidos. Nesse sentido vige entre nós, ainda, uma espécie de sensibilidade pré-iluminista, tão bem captada pelo Capitão Segura.

Também num certo sentido essa hipótese não seria invalidada pelo retorno da tortura na União Soviética de Stalin, na Alemanha de Hitler, na Argélia do general Massu ou na Guantánamo de George Bush, na medida em que "agentes desenfreados da burguesia", judeus, árabes e suspeitos de terrorismo, todos igualmente "torturáveis", não pertenceriam à mesma humanidade dos bons cidadãos soviéticos, arianos, franceses e americanos, respectivamente. Mas, mesmo nesses casos e noutros, quase nunca os seus defensores sentem-se à vontade quando se trata de justificar um método que um coronel brasileiro classifica de "abominável", o general francês de "moralmente perigoso" e assim por diante. Trata-se sem dúvida de um fenômeno curioso: a tortura, reintroduzida na prática, não foi beneficiada por nenhuma reabilitação teórica. Por quê?

---

59 Tocqueville, 1981, p. 206 e 208.

A resposta que primeiro ocorre, a da mera hipocrisia, deixa sem explicação essa necessidade quase obsessiva de se usar tal máscara – que, aliás, vem também de muito longe. O historiador Alec Mellor reporta uma curiosa troca de correspondência entre Pussort, um ministro de Luís XIV, sob cujo longuíssimo reinado (1643–1715) torturava-se à vontade, e Lamoignon, um magistrado de Paris, a respeito da maneira de "dar a questão". Lamoignon, preocupado com o fato de que o artigo da Ordenação real que disciplinava o assunto não entrava em detalhes, dirige-se a Pussort para manifestar sua inquietação e pedir-lhe maiores esclarecimentos: "Seria desejável que a maneira de dar a questão fosse uniforme em todo o reino, porque em certos lugares dá-se tão rudemente que aquele que a sofre fica sem condições de poder trabalhar e permanece muitas vezes estropiado o resto dos seus dias". A resposta de Pussort é surpreendente. Ele tranquiliza Lamoignon dizendo estar "subentendido" no artigo em questão que os juízes deverão ter o cuidado de não estropiar suas vítimas, mas, ao mesmo tempo, esclarece que "seria difícil tornar a questão uniforme", porque a sua "descrição (...) seria indecente numa Ordenação"...[60]

Foucault, como vimos, ironiza a suposta "Humanidade" (a inicial maiúscula e as aspas sendo dele) inscrita na *epistème* abolicionista que essa hipocrisia do ministro de Louis XIV já parece anunciar. É óbvio que seria ingenuidade acreditar que a abolição das torturas e dos suplícios se deu unicamente pela força milagrosa da pregação iluminista. Mas daí a desacreditar a autenticidade dos bons

---

60 Mellor, p. 112.

sentimentos dos abolicionistas, vai uma distância muito grande. Para testar a ironia foucaultiana, convido o leitor a ler a descrição feita por uma testemunha ocular de uma lapidação que teve lugar no Irã de Khomeini:

> O caminhão despejou um monte de pedras e seixos perto do local da execução. Duas mulheres foram trazidas, vestidas de branco, a cabeça coberta por sacos. (...) Sob a chuva de pedras, os sacos tornaram-se vermelhos de sangue (...) As mulheres caíram por terra e os guardiões da Revolução despedaçaram suas cabeças com golpes de pá para se assegurarem de que elas estavam bem mortas.[61]

Lendo um relato desse tipo, não sente o leitor que alguma coisa o incomoda num dos recantos de sua sensibilidade que poderíamos chamar de Humanidade? – sem aspas?

Explorando a reflexão de Edgar Morin sobre a condenação moral à tortura, vimos que, de fato, essa condenação vai além do simples ato de consciência individual, na medida em que a repulsa que a envolve possui uma dimensão social atestada pelo opróbrio que, de um modo geral, recai sobre aqueles que a praticam. Nesse caso a condenação à tortura é, também, um fato social – problema interessante que voltarei a abordar no capítulo seguinte. Da mesma forma, vimos que o seu retorno não se fez acompanhar de nenhuma pompa teórica. Salvo as

---

61 Amnesty International, p. 61.

poucas exceções que confirmam a regra, a tortura permanece, apesar de tudo, um fenômeno clandestino sem direito de cidadania na *polis* moderna. Essa "indizibilidade" da tortura parece assim significar a persistência, entre nós outros modernos, de alguma coisa da filosofia iluminista que não perdemos de todo. Isso não significaria, contrariamente ao que sugeri antes, que uma certa sociologia poderia vir em nosso apoio?

A sociologia que nesse caso não nos serve é aquela que procura a todo custo dissecar exclusivamente as causas socioeconômicas seja da prática, seja da abolição, seja do retorno da tortura, não levando em conta a especificidade do fato em si mesmo, capaz de despertar no espectador a Piedade no sentido rousseauísta do termo. É verdade que uma sociologia desse tipo – por assim dizer, externa – tem muita coisa a nos dizer e há respostas que só ela pode dar. Assim, por exemplo: por que a abolição só se deu no contexto do século XVIII, quando bem antes dessa época já havia abolicionistas? Santo Agostinho, no final da Antiguidade, o papa Nicolau I na Idade Média, Montaigne no século XVI etc., já haviam escrito contra a tortura. Por que razão, então, ela só foi abolida no século de Beccaria, Voltaire e Condorcet? As causas desse acontecimento histórico, de toda evidência, não se resumem ao maior poder de convencimento desses autores. A própria análise que faz Foucault, inserindo a abolição no contexto de uma "sociedade disciplinar", longe está de ser desprovida de sentido. O problema é que, após a leitura de análises sociológicas como a que ele faz, após termos sido eruditamente esclarecidos sobre as verdadeiras razões que determinam a sensibilidade moderna contra a crueldade dos suplícios, ainda assim subsiste a indelével impressão de que essas análises não exauriram todo o fenômeno, pois continuamos apesar de tudo a experimentar um sentimento de piedade à simples evocação das imagens de Damiens sendo esquartejado em praça pública, ou das mulheres iranianas sofrendo sob uma chuva de pedras e sendo mortas a golpes de pá!

Ora, se nós dissolvemos inteiramente esse sentimento num jogo de determinações causais externas, fica sem explicação a nossa resistência contemporânea ao restabelecimento da tortura, apesar de sermos capazes de explicar o seu retorno a partir da influência de outros fatores sociológicos agindo no sentido inverso: as condições da guerra moderna no caso da tortura planejada, a violência urbana no caso da tortura espontânea – e assim por diante. A sociologia explica muita coisa, mas o sociologismo, levado ao extremo, nos deixa inertes. À medida que compreendemos todas as razões do fenômeno, somos capazes de tudo aceitar. Até o momento em que, praticando uma espécie de desobediência civil do pensamento, dizemos simplesmente: não! A esse respeito existe em *Do espírito das leis* de Montesquieu, outro clássico do Iluminismo, um exemplo interessante que vale a pena ser referido. Montesquieu é considerado, a justo título, um dos mais importantes precursores da sociologia, à medida que se afasta das teorias abstratas e dedutivas e adota uma abordagem descritiva e comparativa dos fatos sociais, chegando a resultados que, mesmo se hoje consideramos um tanto ingênuos, como o da correlação entre a dimensão dos estados e seu regime político, possuem assim mesmo um nítido caráter sociológico, uma vez que excluem

Do Nunca Mais ao Eterno Retorno 101

da análise a perspectiva moral e religiosa. Há no seu livro, entretanto, um capítulo em que trata "Da Tortura ou da Questão contra os Criminosos" no qual o autor afasta-se da sua metodologia, como que antecipando a observação de Rousseau sobre a precedência da piedade sobre a razão. A respeito dessas práticas judiciárias, Montesquieu escreve: "Ia dizer que elas poderiam convir aos governos despóticos, onde tudo o que o medo inspira participa dos fundamentos do governo. Ia dizer que os escravos, entre os gregos e os romanos... Mas ouço a voz da natureza que grita contra mim".[62]

Com isso retomamos a questão formulada anteriormente: haveria então uma sociologia que nos serve? Sim. Pensando especificamente no objeto que nos ocupa – o horror que inspira a tortura –, seria uma sociologia mais interessada no fenômeno em si do que naquilo que, para usar uma expressão corrente, está por trás dele. Seria uma perspectiva fenomenológica, aquela que recomenda pôr tudo entre parêntesis e dirigir o olhar "às próprias coisas". Nesse sentido, mais do que em Husserl, é no *Grande sertão: veredas* de Guimarães Rosa que vamos encontrar uma reflexão que parece uma aplicação perfeita dessa perspectiva ao nosso objeto. De forma poética, o personagem Riobaldo eleva-se ao nível da mais sofisticada fenomenologia quando, a propósito de todas as atrocidades que presenciou na sua longa vida de jagunço, observa: "O que demasia na gente é a força feia do sofrimento, própria, não é a qualidade do sofrente". Ou seja: é o sofrimento do torturado que nos comove, não

---

62 Montesquieu, 1973, p. 101.

o fato de ele ser burguês ou judeu, e mesmo independentemente de ser terrorista ou ladrão! Da mesma maneira, uma filosofia da história que leve em conta esses aspectos minimizados quando não francamente desdenhados pela tradição marxista, por exemplo, que os tinha na conta de sentimentalismos pequeno-burgueses, também pode ser útil. O Iluminismo foi uma dessas filosofias. Apesar de sua crença muitas vezes ingênua no progresso do espírito humano, a verdade é que ele, em vários de seus aspectos, viu mais longe do que o materialismo histórico que lhe sucedeu. Vemos hoje, depois de todos os horrores vividos nos dois últimos séculos, que conceitos como o de um direito natural à integridade física, tão caro ao jusnaturalismo iluminista, por mais que pareçam, no plano do ser, ingênuos, são, no plano do dever-ser, de fundamental importância. Talvez devamos repensar o nosso preconceito intelectual contra o que Edward Peters chamou de "modelo progressista-humanitário". Esse preconceito decorre, em termos práticos, do retorno de fenômenos que o otimismo iluminista julgou definitivamente ultrapassados, mas também, em termos teóricos, ele se nutre de correntes como o relativismo, o historicismo, o culturalismo etc., que o materialismo próprio às ciências positivas, de esquerda ou não, engendrou.

Não se trata, obviamente, de aderir a um progressismo ingênuo e achar que o homem da civilização ocidental moderna – que, entre outras barbáries menos cotadas, produziu Auschwitz e Hiroshima – vive num mundo superior ao mundo antigo. Como observa com razão o pensamento relativista, o homem está sempre imerso na história. O seu julgamento é, assim, suspeito. Sempre. Para

Do Nunca Mais ao Eterno Retorno 103

que ele pudesse julgar a existência de um progresso de forma objetiva, ele precisaria sair da história, não estar imbuído dos valores de uma determinada era cultural, o que é impossível. A questão é muito complexa e não poderia ser examinada com profundidade numa dezena de linhas. Mas, pelo menos como exercício de ideias, podemos fazer uma leitura inversa do argumento: é exatamente porque o homem está imerso na história, exatamente porque o seu olhar sobre o passado é sempre um olhar do presente, que ele pode emitir juízos de valor que, mesmo não sendo neutros, são, sim, objetivos. Ou, pelo menos, humanamente razoáveis. Claro que, do ponto de vista das estrelas, não há nenhuma diferença entre ser queimado vivo em praça pública ou ir para a prisão. Entre ser pendurado no pau-de-arara ou responder a um processo na frente de um juiz, com direito a advogado. Mas do ponto de vista dos militantes de esquerda que nos anos 1970, no Brasil, eram engolidos pela repressão e cuja única esperança era sobreviver até passarem à fase oficial do processo na Justiça Militar, há uma diferença, sim. No limite, a perspectiva relativista pode se transformar num esnobismo intelectual contra o qual se rebela a sensibilidade humana até no sentido mais elementar, físico, da expressão.

Havia muito desse esnobismo na filosofia da história marxista com que estávamos acostumados. A alegoria do carro alegre, atropelando indiferente todo aquele que a negasse, é exemplar. Afinal de contas, que importância tinham esses pedestres desavisados da época do stalinismo diante do grande destino que nos esperava mais na frente? Havia, com efeito, uma pronunciada tendência na tradição marxista de considerar que os fatos empíricos, por mais dramáticos que fossem, só tinham importância à medida que eram iluminados pela teoria. É assim que o filósofo francês Claude Lefort, refletindo sobre o universo concentracionário soviético descrito por Soljenitsin, comenta a obstinação com que os comunistas recusaram-se durante muito tempo a olhar de frente o problema das vítimas do stalinismo: "Se o número de homens aviltados, torturados, exterminados, não conta, é porque eles não possuem estatuto inteligível." Em frente à grande teoria, essas vítimas – para usar sua bela e expressiva definição – não passavam de "mortos *empíricos*"[63] – em itálico no original. Os mortos empíricos de Stalin foram milhões, os de Hitler também foram milhões, e os nossos torturados empíricos de sempre, um pouco todo dia, devem chegar a cifras astronômicas. É claro que, diante disso, o modelo progressista-humanitário parece um pífio consolo. Mas é preciso insistir sobre o fato de que ele não é apenas isso. Em primeiro lugar porque, como disse e voltarei a explorar em seguida, existe efetivamente, como um fato social constatável, o sentimento mais ou menos generalizado de que a tortura *é res periculosa*, não apenas tecnicamente, mas também moralmente. Que o diga o general Massu; que o digam os oficiais brasileiros do DOI-CODI que não querem ser confundidos com nazistas. Em segundo lugar, porque uma pergunta singela nos interpela: qual é a alternativa? Hitler? Stalin? O Capitão Segura? Os aprendizes de teóricos da tortura reunidos no Instituto Cajamar? Khomeini? Ou o secretário de Justiça de Bush?

---

63 Lefort, 1976, p. 173.

VI
DE VOLTA AO ETERNO RETORNO

De acordo com a exegese que alguns autores propõem para o Zaratustra de Nietzsche, se as coisas estão destinadas a se repetir indefinidamente, só há uma maneira de suportar o peso da responsabilidade que o *eterno retorno* põe sobre os nossos ombros: não fazer senão aquilo que mereça se repetir uma infinidade de vezes. Trata-se de um dos mais rigorosos critérios para a ação jamais enunciados, uma vez que cada decisão nossa é um compromisso com a eternidade. Nietzsche, um grande inimigo da moral platônico-cristã dos dois mundos, destruiu-a para substituí-la na verdade por uma outra talvez mais exigente ainda, pois, nela, não existe a possibilidade de remissão das nossas faltas num outro mundo. Tudo isso parece delírio, é verdade. No mundo moderno, onde reina soberana a razão científica, o mito do eterno retorno parece realmente algo completamente anacrônico. Mas, no plano metafísico, ele não é mais nem menos absurdo do que a hipótese dos dois mundos que pretende substituir. E como, no mundo moderno, "Deus está morto", é preciso encontrar um outro princípio para fundar as bases dos novos valores. O mito do eterno retorno tem essa finalidade: já que "tudo é permitido", aquele que age deve saber que tudo o que fizer é para sempre e que ele arrastará eternamente as consequências dos seus atos. O general Massu, provavelmente um bom católico, talvez tenha se perguntado, no instante em que autorizou os seus torturadores a "bater um pouquinho", se não estaria cometendo um pecado. Se pensou, deve ter se tranquilizado imaginando que, de todo jeito, poderia mais tarde se arrepender e ser perdoado. Uma ética nietzschiana talvez o tivesse feito hesitar mais, pois, como ele mesmo adverte, a tortura, por ser um *métier* moralmente perigoso, "não podia ser exercido durante muito tempo". Imaginem então ser condenado a torturar durante séculos sem fim!

Anedota à parte, os ex-oficiais do DOI-CODI que, contra todas as evidências do mundo, negam-se a admitir a prática sistemática da tortura durante o regime militar e, indignados, repelem a pecha de nazistas, são confrontados com a exigente moral que se deduz do eterno retorno nietzschiano, ao se verem condenados a arrastar para sempre as consequências dos seus atos. Com isso retomo algo sobre o que já falei de passagem, a condenação moral que termina se abatendo sobre os torturadores. Com efeito, depois de ter se tornado uma política de estado e de ter vitimado milhares de pessoas, a tortura instrumental dos militares tornou-se uma realidade em si mesma e, como tal, gerou efeitos não previstos, não controlados e, sobretudo, não desejados pelos próprios vencedores da "guerra suja": o seu opróbrio! Este é um fato sociológico a não ser negligenciado e que merece ser longamente meditado: no Brasil, como na América Latina de um modo geral, ocorreu esse fenômeno no mínimo curioso que foi, ao fim dessa guerra, a vitória pelo menos simbólica dos vencidos! Nossas praças, ruas e avenidas não ostentam os nomes dos torturadores, e nenhum deles tem estátua com a célebre menção "A Pátria agradecida". E o fenômeno vai além de nossas fronteiras. No Chile, o general Pinochet teve sua plácida velhice octogenária envenenada pela possibilidade – remota, é verdade – de um dia ser preso; em todo caso, morreu cercado de processos judiciais e enfrentando uma condenação moral que, no seu caso, foi praticamente universal. Na Argentina, grandes dignatários de uma das ditaduras mais sanguinárias de que se tem notícia estão sob custódia da justiça – inclusive o general Jorge Videla, cumprindo prisão domiciliar. Em casa, é verdade, mas preso! Por aqui, não se viu nada parecido com isso. Várias circunstâncias sobre as quais não vem ao caso discutir – inclusive, mesmo se o argumento parece odioso aos familiares dos mortos, o número de vítimas fatais infinitamente menor – não possibilitaram um processo criminal dos torturadores e mandantes.

Nem por isso, entretanto, pode-se afirmar que eles permaneceram completamente impunes. Além das penas morais que sobre eles recaíram, houve uma espécie de justiça no processo lento e claudicante, mas que, com idas e vindas, terminou se impondo: o do isolamento paulatino dos oficiais diretamente envolvidos na repressão política, afastando-os de postos de confiança e discretamente preterindo-os em promoções por merecimento. De tal forma que, em 1995, quando o presidente Fernando Henrique Cardoso assinou o projeto de lei reconhecendo e assumindo, em nome do Estado brasileiro, "a responsabilidade das transgressões cometidas à lei e aos direitos humanos" durante o regime militar, a "linha-dura" das três forças militares estava "na reserva ou sem a mínima condição de alcançar o generalato ou mesmo o último degrau dos oficiais superiores" – o que tornou pífio e sem maiores repercussões o protesto de algumas vozes que nos quartéis se ergueram contra o projeto[64]. Com efeito, a avaliação dos militares é a de que "se venceram a guerra contra as organizações da esquerda revolucionária, foram derrotados na luta pela memória histórica do período". É visível, e até compreensível, o seu desapontamento. Afinal, para alguns militares, teria ocorrido "uma situação peculiar em que o vencido tornou-se o 'dono' da história"[65]. Herois daqueles tempos turvos, em que alguns chegaram a ganhar medalhas como a do Pacificador, hoje em dia procuram se refugiar no anonimato. O coronel Brilhante Ustra – aquele que foi reconhecido pela ex-deputada Bete Mendes como seu torturador –, senhor absoluto do DOI-CODI de São Paulo sob o codinome de "Doutor Tibiriçá" durante o governo Médici, a época em que mais se torturou, "não gosta que o seu nome apareça em lugar algum – nem na lista telefônica"[66]. O médico psiquiatra Amílcar Lobo viveu até o fim dos seus dias perseguido por seu passado.

---

64 IstoÉ, 6/9/1995.

65 D'Araújo et alii, p. 13.

66 Veja, 9/12/1998.

Recém-formado, apresentou-se no início de 1970 às forças armadas para fazer o seu serviço militar sem saber que no futuro seria chamado para verificar o estado de saúde de prisioneiros submetidos à tortura. Mais de dez anos depois, já na reserva e instalado no próprio consultório, seria denunciado por uma ex-prisioneira política, Inês Etienne Romeu, que sobreviveu às sevícias. Seu caso arrastou-se por anos na imprensa e no Conselho Regional de Medicina do Rio de Janeiro, que terminou cassando sua licença de médico. Num doloroso depoimento que publicou anos depois, escreve: "Hoje, afastado da profissão, dos amigos e do convívio familiar, sinto-me aterrado num sepulcro"[67].

Esses e outros casos merecem ser longamente meditados ao menos por duas razões. A primeira, de grande interesse acadêmico para a ciência política, é que, contrariando um antigo postulado da ciência histórica – o de a História ser contada pelos vencedores –, a "guerra suja" dada no Brasil e na América Latina nos anos 1960 e 1970 mostrou que os vencidos podem ter a última palavra, quando os vencedores ganham a guerra valendo-se de métodos que cobrem de vergonha aqueles que os empregam. A segunda, de natureza mais prática, é que eles servem de advertência àqueles que estão no momento teorizando sobre esse assunto tão grave – a tortura –, algumas vezes sucumbindo ao demoníaco charme da sua eficácia. Afinal, como lembra corajosa e lucidamente Edgar Morin, ela faz falar... E a tentação não é pequena. É a questão com que os americanos se defrontam hoje em dia: "Um terrorista colocou uma bomba: deve-se torturá-lo para saber onde ela

---

67 Lobo, 1989, p. 14.

está?". A pergunta, para nosso desconforto, não foi extraída de nenhum panfleto provocativo da extrema-direita americana; ela foi formulada pelo psicanalista argentino Miguel Benasayag, um ex-torturado pela ditadura militar do seu país, num livro em que reflete sobre a tortura no mundo moderno. E ele mesmo, sem dar nenhuma resposta, reconhece a vertigem que ronda qualquer um de nós diante de tal pergunta, ao lembrar que "ninguém gostaria de ser confrontado a essa questão"[68].

Há também coragem em colocar essa pergunta. Ela implica reconhecer que a tortura, mesmo sendo uma abominação, não é simplesmente, pelo menos não é sempre, uma maquinação de figuras abomináveis! Corro o risco de estar sendo mal interpretado, bem sei. Afinal, alguém que dá tais ordens ou se dispõe a torturar um ser humano não seria, *ipso facto*, um sujeito abominável? A questão é legítima. Realço apenas que o juízo não dá conta de pessoas normais que, num contexto político-ideológico favorável, ou ainda submetido a uma pressão institucional, torna-se circunstancialmente um monstro. É verdade que, na palavra de um *expert* no assunto, o general Massu, "a tentação oferecida pelo exemplo de um método anormal (...) criava uma psicose doentia que levava os agitados de todo tipo a cometer os mais diversos desmandos"[69]. Um tal ambiente, já se vê, é capaz de atrair, e certamente atrai, sádicos que se comprazem em exercer um "*métier* moralmente perigoso" – a expressão ainda é do general Massu – como esse. Mas a figura oposta, também conhecida, do torturador

---

68 Benasayag, 1986, p. 21.
69 Massu, p. 166.

Do Nunca Mais ao Eterno Retorno

que é ao mesmo tempo um sujeito carinhoso com mulher e filhos, existe. Ou que é capaz, uma vez de volta do abismo em que imprudentemente se meteu, de se arrepender dos seus atos. Num terreno enlameado como esse, tudo, do maniqueísmo à nuança, é possível. Em resumo, é razoável admitir que pessoas normais, em determinadas circunstâncias, podem ser capazes de torturar. Há mesmo evidências científicas de que isso é possível.

Refiro-me a um célebre e controvertido experimento feito no início dos anos 1970 pelo psicólogo social Stanley Milgram sobre obediência à autoridade. Milgram recrutou vários voluntários que deveriam, supostamente, participar de um estudo sobre aprendizagem e punição. Eles eram colocados diante de um homem amarrado a uma cadeira, tendo um fio elétrico conectado ao corpo. O homem na verdade era um ator e tudo era fingimento, mas as pessoas que participavam da experiência nada sabiam e eram levadas a acreditar que se tratava de uma cobaia de verdade. As pessoas tinham à sua disposição uma série de 30 botões indicando voltagens elétricas que iam de 15 a 450 volts. Havia também informações, no painel, de que os volts variavam de "choque leve" a "perigo: choque severo". Os voluntários eram instruídos a administrar um choque de 15 volts para a primeira resposta errada, aumentando a voltagem a cada vez que ele cometesse um erro. À medida que as respostas erradas iam acontecendo e os choques aumentando, o homem se contorcia fingindo dor e gritando por piedade. Quando algum voluntário dava sinais de hesitação, Milgram o tranquilizava dizendo que o homem estava bem e que o sucesso da experiência dependia da sua obediência às ordens. É de se notar que qualquer voluntário tinha a liberdade de desistir de prosseguir na experiência a qualquer momento. Em que pese isso, "surpreendentemente, 71% dos sujeitos experimentais se mostraram prontos a administrar choques de 285 volts ou mais, muito embora os interruptores daqueles níveis estivessem marcados com as etiquetas "choque intenso", "choque extremamente intenso" e "perigo: choque severo" e apesar do fato de o ator parecer sofrer muito com aqueles níveis de corrente elétrica"[70]. Conclusão da pesquisa: a maioria das pessoas tem dificuldade em desobedecer figuras de autoridade, por causa das punições, certo, mas também pelo ostracismo, ridicularização etc. a que ficam submetidas no grupo a que pertencem se fraquejarem. Bem mais recentemente, entre nós, o psicanalista Contardo Calligaris, refletindo em artigo sobre como é possível que "homens quaisquer, sem nenhuma predisposição moral patológica", possam se tornar "algozes", ia mais ou menos no mesmo sentido de Milgram: "qualquer um (ou quase) pode se esquecer de sua humanidade não por convicção nem por crueldade ou por medo, mas, simplesmente, pelo descanso que ele encontra na obediência, no sentimento de fazer parte de uma máquina da qual ele pode ser uma engrenagem"[71]. Ainda aqui, só quem já esteve num grupo de linchadores e recusou-se a apanhar uma pedra no chão, pode atirar a primeira pedra!

Voltando ao *eterno retorno*, não é só como advertência aos torturadores que o mito nietzschiano volta a ser evocado no fim destas reflexões. A perspectiva da morte

---

70 Brym et alii, 2006, p. 140-141.

71 *Folha de S. Paulo*, 6/12/2007.

de Deus coloca sobre os homens um fardo tão pesado que, para suportá-lo, Nietzsche, por meio do Zaratustra, anuncia a vinda de um homem de tipo novo cuja designação já se prestou a vários mal-entendidos: o super-homem. Talvez a designação não seja feliz, mas ela decorre das exigências colocadas pelo que foi dito anteriormente. Jogado num mundo sem outra finalidade do que aquela que ele mesmo lhe atribui, o super-homem é aquele que assume a responsabilidade do livre-arbítrio. Ele não tem o álibi de que está a serviço de uma causa transcendente – o reino de Deus, o comunismo etc. –, nem a desculpa, fornecida pela sociologia causal aplicável à maioria dos homens, de que suas ações são na verdade *re-ações* ao meio ambiente. A conduta do super-homem exigido pelos novos tempos é, na verdade, uma conduta ativa por excelência. Ativa e, na medida em que está comprometida com a humanidade para sempre, generosa.

Por incrível que pareça, os militantes de direitos humanos são, nesse sentido, exemplos do super-homem anunciado por Zaratustra. Eles recusam a tortura finalística dos comunistas, a tortura instrumental das delegacias de roubos-e-furtos e dos militares de Bush, bem como a tortura espontânea dos linchadores. Só que a utilidade nos primeiros exemplos, tanto quanto – se se pode assim falar – a legitimidade no último, põem em relevo um aspecto perturbador do fenômeno: a sua cumplicidade com os motivos mais demasiadamente humanos que possam existir! Essa é uma evidência que temos de encarar: há milhares de anos que a humanidade convive com a tortura. Ao lado disso, faz apenas menos de 300 anos que alguns homens disseram que ela é nojenta e que podemos viver sem ela. Expulsa do convívio de uma parte da humanidade durante um tempo, a tortura terminou voltando, mesmo se – com a exceção dos suplícios públicos adotados em alguns países muçulmanos – nunca mais tenha sido oficialmente aceita. Há, nesse retorno, razões para desesperar; mas, pensando no fato de que a sua prática permanece desde então quase sempre envolvida pela vergonha, há também motivos para crer que vale a pena continuar a luta – e que estamos apenas no começo.

Sugestões de leitura

Para escrever este ensaio vali-me de várias fontes, algumas pouco usuais, como cinema, literatura e música popular. A maior parte das fontes, porém, é constituída por material jornalístico, referenciado no próprio texto, e por livros de não-ficção, referidos por meio do sistema de notas de pé-de-página. Destes dou a referência completa abaixo, informando que, no caso das obras citadas em francês, a tradução foi feita por mim. No intuito de facilitar a consulta à bibliografia, agrupei, tanto quanto possível, os livros por assunto.

Sobre a tortura no Brasil
Araújo, Amparo. Dossiê dos Mortos e Desaparecidos Políticos a partir de 1964, Recife, CEPE, 1995.

Arquidiocese De São Paulo. *Brasil: Nunca Mais*, Petrópolis, Vozes, 1985.

_____. *Perfil dos Atingidos*, Petrópolis, Vozes, 1988.

Barcellos, Caco. *Rota 66 – A história da polícia que mata*, São Paulo, Globo, 1992.

Brilhante Ustra, Carlos Alberto. *Rompendo o Silêncio*, Brasília, Editerra, 1987.

Comissão Justiça E Paz. *Jornalismo Policial Radiofônico*, São Paulo, 1985.

D'araújo, Maria Celina, et alii. *Os anos de chumbo: a memória militar sobre a repressão*, Rio de Janeiro, Relume-Dumará, 1994.

_____ e Castro, Celso. *Ernesto Geisel*, Rio de Janeiro, Editora Fundação Getúlio Vargas, 1997.

Gabeira, Fernando. *O que é Isso, Companheiro?* Rio de Janeiro, CODECRI, 1979.

Giordani, Marco Pollo. *Brasil: Sempre*, Porto Alegre, Tchê!, 1986.

Lobo, Amílcar. *A Hora do Lobo, a Hora do Cordeiro*, Petrópolis, Vozes, 1989.

Nasser, David. *Falta Alguém em Nuremberg*, Rio de Janeiro, Edições do Povo, s/d.

Oliveira, Luciano e Pereira, Affonso. "A Polícia na Boca do Povo", in *Symposium*, Universidade Católica de Pernambuco, vol. 29, nº 2, 1987.

Ramos, Graciliano. *Memórias do Cárcere*, Rio de Janeiro / São Paulo, Editora Record, 2002.

Viana Pereira, Márcio Matos. *O Direito de Opinar*, Brasília, Editerra, 1987.

Sobre a tortura no mundo

Amnesty International. *La Peine de Mort dans le Monde*, Paris, 1989.

Mattoso, Glauco. *O que é Tortura*, São Paulo, Brasiliense, 1984.

Massu, Jacques. *La Vraie Bataille d´Alger*, Paris, Plon, 1971.

Mellor, Alec. *La Torture: son histoire, son abolition, sa réapparition au XXème siècle*, Paris, Les Horizons Littéraitres, 1949.

OMCT. *Colloque International: démocratie, développement, droits de l´homme*, Genebra, 1992.

Peters, Edward. *Tortura*, São Paulo, Ática, 1989.

Rohman, Fernand. *Hitler, le Juif et le Troisième Homme*, Paris, PUF, 1983.

Vidal-Naquet, Pierre. *La Torture dans la Republique*, Paris, Minuit, 1972.

_____. "L'État et le Masque", in Benasayag, Miguel. Utopie et Liberté, Paris, La Découverte, 1986.

Sobre a tortura judiciária

Beccaria, Cesare. *Dos Delitos e das Penas*, São Paulo, Hemus, 1971.

Foucault, Michel. *Vigiar e Punir*, Petrópolis, Vozes, 1977.

Montesquieu. *Do Espírito das Leis*, São Paulo, Editora Abril, 1974.

Rusche, Georg e Kirchheimer, Otto. *Punishment and Social Structure*, New York, Columbia University Press, 1939.

Sobre a tortura e o pensamento de esquerda

Lefort, Claude. *Um Homme en Trop*, Paris, Seuil, 1976.

MARX, Karl. *La Guerre Civile en France*, Paris, Éditions Sociales, 1968.

SOLJENITSIN, Alexandre. *L´Archipel du Gulag*, Paris, Seuil, 1974

TROTSKY, Léon. *Terrorisme et Communisme*, Paris, Prométhée, 1980.

SOBRE A SENSIBILIDADE MODERNA

BENASAYAG, Miguel. *Utopie et Liberté*, Paris, La Découverte, 1986.

ROUSSEAU, Jean-Jacques. *Discours sur l´Origine et les Fondements de l´Inégalité parmi les Hommes*, Paris, Gallimard, 1965.

TOCQUEVILLE, Alexis de. *De la Démocratie en Amérique - II*, Garnier-Flammarion, 1981.

SOBRE SABERES CORRELATOS

BRYM, Robert J. et alii. *Sociologia – sua bússola para um novo mundo*, São Paulo, Thomson, 2006.

DURKHEIM, Émile. *Sociologie et Philosophie*, Paris, Librairie Félix Alcan, 1924.

_____. *As Regras do Método Sociológico*, São Paulo, Companhia Editora Nacional, 1978.

GOMES, Hélio. *Medicina Legal*, Rio de Janeiro, Freitas Bastos, 2003.

MARX, Karl. *Para a Crítica da Economia Política – Prefácio*, São Paulo, Editora Abril, 1974.

Sobre o autor

Nasci em Itabaiana, no agreste sergipano, em 3 de julho de 1952. Como Érico Veríssimo, fui balconista na farmácia do meu pai quando era garoto. Mas cessam aí nossas semelhanças, pois infelizmente não sei escrever romances. Com exceção do primário, fiz todos os meus estudos em escolas públicas – que, por incrível que pareça, já foram de qualidade no Brasil. Formei-me em Direito, em Aracaju, em 1976. Fui advogado liberal durante sete meses, o tempo que levei para perceber que nunca seria nenhum Sobral Pinto. Depois fui assessor jurídico de uma empresa estatal do Governo do Estado de Sergipe, durante dois anos. Em 1980, cansado de dar pareceres que terminavam sempre com um monótono "salvo melhor juízo", fui para Recife fazer mestrado em Sociologia. Sob a orientação de Joaquim Falcão, graduei-me mestre em 1984, com a dissertação sobre práticas judiciárias exercidas por policiais em bairros populares recifenses, chamada *Sua Excelência o Comissário*. Em 1986 fui para a França, fazer doutorado na Escola de Altos Estudos em Ciências Sociais, sob a orientação de Claude Lefort. Graduei-me em 1991, com a tese *Imagens da democracia: os direitos humanos e o pensamento político de esquerda no Brasil*. Esses títulos dão conta do meu percurso e dos meus interesses acadêmicos. O tema da tortura, porém, tratado no meu doutorado e neste livro, não me surgiu a partir de um interesse meramente acadêmico. Em 1976, ano em que concluí minha vida de estudante, tive alguns colegas de faculdade presos e torturados pelas forças de segurança do regime militar que começava a se desagregar mas ainda tinha fôlego para tais ignomínias. O fato me marcou de tal maneira que dediquei a essa questão boa parte da minha vida intelectual enquanto pesquisador. No plano pessoal e político, ele sustenta até hoje minha incondicional adesão à democracia.